AF403546

EDMOND BLANGUERNON

Inspecteur d'Académie de la Haute-Marne.

POUR L'ÉCOLE VIVANTE

AVEC UNE PRÉFACE DE

FERDINAND BUISSON

DEUXIÈME ÉDITION

LIBRAIRIE HACHETTE ET Cⁱᵉ
79, BOULEVARD SAINT-GERMAIN, PARIS

1918

POUR L'ÉCOLE VIVANTE

BIBLIOTHÈQUE NATIONALE

8° R
28672

DU MÊME AUTEUR

Leçons de Pédagogie théorique et pratique. — Un volume in-8, de 496 pages, *11e édition*. Alcide Picard, éd. (En collab. avec M. A. Mathieu, inspecteur de l'enseignement primaire de la Seine.)

Petite histoire de Champagne. — Libr. Félix Juven. (En collab. avec M. A. Arluison, inspecteur primaire à Langres.)

La Vie orgueilleuse. *Poèmes,* 1900-1911. — Eug. Figuière, éd.

804-17. — Coulommiers. Imp. Paul BRODARD. — 1-18.

EDMOND BLANGUERNON

Inspecteur d'Académie de la Haute-Marne.

POUR L'ÉCOLE VIVANTE

AVEC UNE PRÉFACE DE

FERDINAND BUISSON

A L'ÉCOLE PRIMAIRE.
LE COIN DES PETITS. — LES CLASSES-PROMENADES.
L'ENSEIGNEMENT DE LA MORALE
A L'ÉCOLE PUBLIQUE.

DEUXIÈME ÉDITION

LIBRAIRIE HACHETTE ET Cⁱᵉ
79, BOULEVARD SAINT-GERMAIN, PARIS

1918

DÉPOT LÉGAL
Seine-et-Marne
30
1918

Tous droits de traduction, de reproduction
et d'adaptation réservés pour tous pays.
Copyright by Hachette and C°, 1918.

AUX INSTITUTRICES ET AUX INSTITUTEURS
DE LA HAUTE-MARNE

A MES CHERS LECTEURS
DU MANUEL GÉNÉRAL

PRÉFACE

BIBLIOTHÈQUE NATIONALE — B. N. — IMPRIMÉS

CE ravissant petit volume n'avait pas besoin
de préface. C'est presque un contresens de
lui en donner une. On enlève au lecteur un
peu de son plaisir, car il n'y en a pas de plus
exquis que de trouver dans un livre, ouvert
au hasard, tout autre chose et infiniment plus
qu'on ne s'y attendait.

J'avais lu presque tous ces morceaux, sous
la forme d'articles épars. J'en avais senti le
charme, on le croira sans peine. Cet art
d'animer tant de scènes prises sur le vif à
l'école et au village, l'amusante vérité de ces
portraits d'enfants et de grandes personnes,
maîtres ou parents, tous ces riens de la vie
enfantine et scolaire qui, sous une main délicate, deviennent de si jolis petits poèmes en

miniature, non, rien de tout cela ne m'avait échappé.

Et ce n'est pourtant qu'en voyant le volume que j'ai compris. Là en effet l'auteur livre sa pensée. Sous l'apparence de rapides et familières causeries au fil des jours et au hasard des rencontres, savez-vous ce qui se déroule? Tout un plan d'éducation. C'est un programme, c'est un manifeste de réforme pédagogique, c'est un *Traité des études* primaires qui se cachait sous ces pages fraîches et rieuses, que vous avez accueillies sans méfiance.

Il faut les faire lire à ceux — et ils sont légion — qui se représentent encore l'école primaire comme un domaine connu, misérablement plat et banal, où il n'y a plus rien à découvrir. Ce qu'ils découvriront d'abord, c'est leur ignorance. A peine auront-ils accompagné M. Blanguernon dans quelques-unes de ses visites aux écoles, ils se sentiront un peu humiliés de n'avoir rien soupçonné, mais rien, de ce qui se passe dans cet humble monde.

Que l'on pût avoir pour les enfants du peuple de telles attentions et de telles ambitions, que l'on prétendît leur apprendre, avec le « lire, écrire et compter », tant de choses réservées, semblait-il, aux enfants « de bonne famille », choses de l'esprit, choses du cœur, choses de la vie et de la vie la plus largement humaine, ils ne s'en doutaient pas. Et, chemin faisant, par des détails imprévus, par les fines remarques et les douces admonitions que fait l'inspecteur, après l'inspection, à l'instituteur, à l'institutrice, ils se rendent compte de l'effort demandé à ce personnel, de l'étendue de sa tâche, du but singulièrement élevé qu'on ne craint pas de lui proposer.

C'est à propos de toutes les leçons, sans en excepter les plus élémentaires (lisez : « le Coin des Petits »!) — que le lecteur a cette surprise : aux yeux de l'auteur, rien n'est assez bon pour l'école populaire que le meilleur dans l'excellent. Voyez ce qu'il exige pour la « leçon de lecture », ou pour celle d'histoire, « moins facile à faire bien, dit-il, à l'école primaire qu'au Collège de France », ou pour la lecture de la carte d'où il fait éclore « l'imagination géographique » avec ses merveilleuses visions. Voyez quel don d'évocation il attend du maître, de la maîtresse, pour réagir contre le savoir livresque, qui ne fait saisir que la formule sèche, là où devraient palpiter des êtres vivants avec leur poésie et leur mouvement. « Il y avait assez longtemps, dit un jeune fermier, qu'on voyait les choses *en encre*, cela fait plaisir de les voir un peu en vrai. » Ce mot pittoresque s'applique aux « classes-promenades », une des innovations pédagogiques, hardiment extra-réglementaires, de la Haute-Marne, objet de toute une piquante étude, semée d'exemples qui valent mieux que tous les arguments. Mais le mot s'appliquerait à l'ouvrage entier, qui est bien un plaidoyer — de quelle grâce tout ensemble et de quelle force ! — *pour l'école vivante.*

Peu à peu elle se dessine devant nous, cette école, telle que l'auteur la rêve ou plutôt telle qu'il la fait partout où il passe. A mesure que nous le suivons, par la magie de ces petits instantanés dont chacun remplace si heureusement une leçon, un chapitre de cours, nous saisissons le secret de son influence.

Il a la foi, et il la communique.

La foi d'abord à l'idéal laïque. Cet homme de la nouvelle génération a gardé ou plutôt il a retrouvé l'élan de celle de 1880. Il ne sourit pas de la parole de Jules Ferry : « Il faut que l'école primaire donne toute une éducation, et une éducation libérale ». Cette chimère d'il y a trente ans, il y croit encore. Comme on voit bien que c'est un poète! Il veut (pardon de reprendre une expression de ce temps-là) donner une âme à l'école. Et cette âme, ce sera la morale laïque.

— Quoi? Ces leçons du manuel d'instruction morale et civique?

— Non. Lisez sa page « La prière du matin » ou d'autres, car il y revient, où il décrit le début de l'année scolaire, le début de la journée. Vous verrez comme il compte sur cette première heure, sur ce premier regard du maître, avec son franc sourire d'accueil, pour éveiller dans l'enfant je ne sais quoi dont ne se douteront jamais ceux qui ne sont que des maîtres de grammaire ou de calcul.

Et puis, il a foi dans la nature humaine, même chez l'enfant, surtout peut-être chez l'enfant. Il sait qu'il n'y a pas de puissance qui agisse plus sur lui que la pure notion du bien et du mal, le sentiment du devoir, la voix de la conscience. A une condition, c'est qu'on encourage, au lieu de l'étouffer sous le poids de l'autorité, l'intuition morale, « l'instinct sublime » comme Jean-Jacques appelait la conscience. Pourquoi lui donner toutes faites et lui imposer, comme des consignes, les vérités qu'il trouverait au fond de lui-même, pour peu que vous lui appreniez à y descendre, les résolutions et les règles qu'il se tracerait lui-même, si vous lui faisiez faire de bonne heure l'apprentissage de la liberté et de la réflexion?

Enfin cet universitaire a foi dans le peuple, dans son bon sens et dans son bon cœur, qui comprend si bien les instituteurs. Ce n'est pas la moindre originalité du livre que cet accent de sympathie profonde pour la démocratie rurale et ouvrière. Voilà un inspecteur d'académie qui n'a pas peur du contrôle des pères de famille. On sent qu'il ne connaît pas de plus sûr appui pour l'école laïque. Son morceau « Ouvrez l'école aux parents » peut être également recommandé à ceux qui défendent l'école et à ceux qui l'attaquent.

Mais il en faudrait dire autant de l'ouvrage tout entier. Aux adversaires qui le liront on peut prédire qu'il leur arrivera comme à M. Maurice Barrès, qui n'a pas toujours été tendre (a-t-il même été juste?) pour les instituteurs. Sa lettre ouverte à M. Blanguernon fait honneur à tous deux.

C'est ainsi qu'il faut servir nos principes et notre cause. Dans ce livre, il n'y a pas une page qui prêche la laïcité, mais toutes la montrent à l'œuvre, elle vit sous nos yeux dans un exemplaire authentique. Et cela suffit pour la faire aimer.

FERDINAND BUISSON.

OUR L'ÉCOLE VIVANTE

A L'ÉCOLE PRIMAIRE

AVERTISSEMENT

ON a voulu, sous ce titre, mettre au jour le jour quelques notes ou croquis, n'ayant d'autre mérite que leur vérité, et d'autre prétention que de servir, par la réflexion ou l'émotion rapidement éveillées, la cause de la vie à l'école populaire. C'est elle qui prépare l'avenir de l'enfant et du pays. Il faut donc qu'elle ait de la vie la conception la plus exacte et la plus haute; qu'elle ait l'ambition de s'y adapter, mais aussi de l'élargir. Elle doit éveiller, nourrir, stimuler toutes les facultés de l'enfant, *l'élever* à une existence saine, noble et conquérante, lui donner confiance dans la vie, la volonté et l'espoir, la connaissant bien, de travailler dans son sens et d'en faire fleurir, pour lui-même et pour les autres, toutes les puissances de joie et de beauté.

Tout ce qui exprime, respecte, sert la vérité, la

liberté, l'énergie, — qu'il s'agisse des méthodes ou de la discipline, de l'existence publique ou privée du maître, des relations de l'école avec l'opinion et le milieu, — concourt à l'œuvre de l'éducation populaire. Ces notes et croquis, jetés aux feuilles d'un carnet d'inspection, aux marges d'un dossier..., disent simplement, et comme on les a faites, les bonnes et les mauvaises rencontres.

UN VRAI MAITRE

1882-1912.

Par ce joli printemps précoce, je fais à travers la Haute-Marne mes tournées de la Médaille d'Argent. Je me documente pour les discussions amicales de la commission de classement, où chaque inspecteur primaire aura de bonnes et chaudes raisons pour ses candidats. Mais ils sont trop, hélas! ou plutôt les médailles sont trop rares. Que le rôle d'arbitre est délicat, et le choix difficile, entre les meilleurs!

Et je vais par le Bassigny et la Montagne, admirant des combes et des bois, retrouvant parfois, vivantes dans l'air vif et le jeune soleil, des pages de Theuriet. Je monte aujourd'hui à un village de l'ancien Vallage, dont Joinville fut la capitale, à présent dépossédée au profit de Wassy. A droite et à gauche de la route vallonnée, en bordure des champs d'ocre blonde, les bois sont de carmin clair, avec çà et là des bouquets de verdure dorée. Le village est assis au sommet de la côte; des voix d'enfants joueurs me guident vers l'école; le maître, qui les surveille, me reconnaît, s'avance, nous nous serrons la main : « Il

a trente-cinq ans de service, et c'est la première
fois qu'un inspecteur d'académie le visite dans sa
classe. » Mais la phrase cordiale, où la voix sonne
jeune, n'a rien, heureusement, d'un *Nunc dimittis*....

La classe est propre, accueillante, gaie, avec ses
vitres claires, ses murs blancs, ses boiseries grises.
L' « affichage » est soigné; quelques dessins aux
crayons de couleur font de jolies taches : la cimaise
du salon Quénioux.... Quel contraste avec la classe
triste, poussiéreuse, de telle autre commune! La
municipalité y est plus chiche, soit! — mais la
poussière est-elle « municipale »? Et puis, d'un
terroir à l'autre, est-ce que la race a changé?...

C'est que je suis frappé, maintenant, par la tenue
et la mine de ces petits gars et fillettes des champs.
Est-ce le cadre pimpant qui impose sa netteté aux
personnages? Est-ce l'exemple du maître, dont la
brave figure à moustache grise sourit au-dessus
d'un col blanc, dont toute la mise simple est
soignée? Mais ces enfants sont d'une propreté qui
attire; les frimousses sont lavées, les cheveux
peignés, les vêtements en bon état; même quelques
cols marins s'arrondissent sur des blouses.

Et voici que ces enfants parlent, répondent....
Ils savent parler, je veux dire faire une phrase
qui se tienne; ils osent parler, *me* répondre, sans
sotte timidité, presque sans gaucherie.... Même les
bambins du cours préparatoire rendent compte
d'une petite fable qu'ils viennent de lire, et c'était
presque déjà de la lecture « expressive »... Les
élèves du cours moyen ont *préparé* une page de

Theuriet (pour laquelle on eût pu attendre juin, c'est ma seule réserve); et ils la comprennent, et ne se dérobent pas quand, sentant que je puis stimuler ces intelligences éveillées, je tâche de leur faire retrouver les fines impressions du poëte.... Que voilà donc une bonne soirée !

Un exercice de croquis coté suit, que je ne décris point, mais qui est enlevé avec une aisance charmante. Ces enfants ont l'habitude de voir, de toucher, de mesurer. Je le savais, et que l'habitude, ici, était ancienne; j'avais relevé, dans le dossier du maître, cette note d'inspection, *vieille de vingt ans* : « A mon arrivée, chaque enfant a devant lui une plante herbacée, une rondelle de bois provenant d'une grosse branche ou d'un jeune tronc d'arbre, et une petite branche couverte de fleurs et de feuilles : on vient de faire la leçon de sciences (1re leçon sur les plantes), et les enfants, prévenus la veille, ont tous apporté ce qui leur était utile pour suivre la leçon avec fruit.... » Je vois aujourd'hui, dans les yeux clairs, les voix nettes, les gestes vifs, les effets de cette éducation concrète, directe, et sincère....

Le maître est dans ce village depuis trente ans !... Il a dans sa classe les enfants de ses premiers élèves; la troisième génération va naître.... Mais les pères et les mères sont toujours ses écoliers : « Ils pourraient bien se tirer d'affaire tout seuls; mais non, pour la moindre chose, ils viennent me demander conseil.... » Ne vous en plaignez pas, mon cher instituteur, c'est votre plus belle récompense. Votre petite école mixte, où vous formez le fils après le père, la fille après la mère, m'apparaît comme un domaine incomparable.... C'est bien vous, n'est-ce pas? qui avez fait, l'an dernier, à tous ces travailleurs sortis de votre école, une causerie sur les retraites ouvrières et paysannes, à la suite de laquelle vous avez recueilli la *totalité* des inscriptions possibles dans la commune? Soyez fier; ce village, vous l'avez conquis par l'esprit!...

Je la trouve belle, cette vie unie et simple, consacrée toute à la même tâche, modeste — et si grande! — dans le même lieu.... Et je pense que cette vie, et que cette œuvre, et que la classe que je viens d'inspecter et d'aimer, ont une valeur de témoignage. Cet instituteur est entré, pour la première fois, dans cette école rurale, en octobre 1882. L'école laïque venait, à la noble voix de Ferry, d'obtenir sa charte. Les intelligences et les âmes ont donc été cultivées ici, depuis trente ans, par un vrai maître, sous le régime de la « neutralité » scolaire, de la tolérance, de la liberté. Je constate les résultats : clarté, vivacité, netteté des corps et des intelligences, respect du maître, concorde des âmes...

La Ligue française de l'Enseignement nous invite à commémorer, cette année, le vote de la loi sur l'enseignement obligatoire et laïque. L'École laïque est trentenaire. Dans cette petite classe de campagne, je l'ai vue, et saluée....

Mars 1912.

LA « PRIÈRE DU MATIN »

C'EST le matin, un clair matin de brise pimpante. La verdure des jeunes blés se lustre aux souffles qui la creusent; les premières feuilles pointillent le ciel léger.

A l'école, les fillettes du village sont à peine assises; la fraîcheur et la vie du jour nouveau sont sur leurs joues et dans leurs yeux. Et elles attendent, sans le savoir, comme le blé qui pousse et l'arbre qui feuille, le soleil et le vent du printemps nourricier.

« Qu'allez-vous donner, mademoiselle, à ces âmes neuves du matin?... »

Hélas! ce qui vient, c'est une leçon de « civilité »... Comment faut-il se tenir à table?... Et d'abord, quand faut-il s'y mettre? — Une fillette répond : « Quand on a faim »; et la réponse, au moins d'une jolie spontanéité, réponse d'étourdie, de fantaisiste, peut-être aussi de fillette d'une maman peu ordonnée, devrait être reprise par une maîtresse habile. Quel bel art difficile d'admettre et de faire fructifier les réponses vraies des enfants!... Une autre dit : « Quand la maman vous appelle ».

Je la trouve très bien, cette réponse, qui sonne l'obéissance prompte et naturelle à la voix de « la maman »…. Mais non, je serais battu : la maîtresse tient à *son* plan, à *ses* réponses, et il fallait dire : « On se met à table *à midi* »… etc., je vous en fais grâce. Mais que c'est noir et froid, une leçon de « civilité », pour commencer, pour *lancer* une journée d'enfant !…

Et je feuillette le carnet de préparation.

La « civilité » s'y affirme. Qu'est-ce donc? Comment s'asseoir, ou de la tenue des genoux?… Eh oui! c'est un vrai plan de sermon, avec les trois points : ne pas les écarter trop, — ne pas trop les serrer, — les garder suivant un gracieux et naturel parallélisme. Mon Dieu! je ne suis pas hostile à l'éducation des… bienséances; mais ne peut-on, rien qu'en veillant à la pose, à la tenue du corps, pendant les exercices scolaires, les enseigner par la pratique?… Et puis, consacrer à cela vingt minutes, une demi-heure, la première, la plus claire demi-heure de la journée de classe !…

Et je songe à d'autres erreurs. Entré dans une classe de garçons à huit heures cinq, espérant entendre le maître, — excellent d'ailleurs, et qui m'a vite compris, — je le trouve professeur de silence, surveillant un exercice écrit. Je m'étonne et m'enquiers : toute la classe met au net un devoir d'arithmétique fait la veille dans la famille. Je ne pèse pas ici le profit de l'exercice. Mais quoi, pour les vingt premières minutes de la journée, cette besogne machinale de copie?…

Non, non, croyez-m'en, ces débuts des classes matinales sont d'une qualité trop précieuse pour qu'on les appesantisse ou qu'on les use sans choix.

Il faut qu'un accroissement de vie signale pour l'âme, comme pour le corps de ces enfants en pleine croissance, le nouveau jour. Et pour que la bonne semence germe, qu'on la sème au bon moment de l'intelligence reposée, du sentiment qui se rouvre, et de l'attention vierge du matin. Il faut aussi que, dès les premières minutes, l'enfant soit, pour ainsi dire, *saisi*, pour la journée.

Alors, pas de civilité puérile et honnête, pas d'exercice écrit, pas d'histoire, de géographie, de sciences, dans le premier quart d'heure ou la première demi-heure de l'école.

« Il y aura chaque jour — dit l'arrêté du 18 janvier 1887 sur l'emploi du temps — une leçon qui, sous la forme d'entretien familier, ou au moyen d'une lecture appropriée, sera consacrée à l'instruction morale. » Que cette leçon ouvre l'école! Mais que ce soit, par l'accent, le regard, par la communication des âmes, bien plus que la leçon — *l'élévation* morale. Faites-la multiforme, aux multiples sons, pour qu'elle touche et pénètre. Quand il en sort naturellement une formule digne d'être fixée pour la suggestion qu'elle concentre dans ses mots, dictez-la à vos élèves : c'est un accumulateur d'énergie. Mais ne vous croyez pas forcés à conclure immuablement par un « résumé » bien en forme.

Ce qui vaut, c'est l'accent simple et profond qui éveille des âmes, le don d'une conscience d'honnête homme, d'honnête femme, à des enfants.

Et c'est ainsi que l'école laïque peut dire — non point machinale, non point figée, mais profession vivante et forte d'un idéalisme d'action volontaire et joyeuse — sa « prière du matin »....

AU SEUIL D'AVRIL

Nos sous-bois sont semés de scilles, de pervenches, d'anémones, de primevères. Après les précoces étoiles des cornouillers, les coudriers ont des chatons d'or, et les saules des houppes d'argent; les feuilles se déplient...., A travers giboulées et vents, un flocon de nuage en panache à son cimier de soleil, Mars a rempli son office de gentil fourrier et préparé les logis du printemps :

> Au seuil d'Avril tournant la tête,
> Il dit : Printemps, tu peux venir.

Nous rentrons dans nos classes, et je voudrais que ce fût pour recevoir le printemps.

Printemps joli, jeunesse de l'année, qui pourrait, mieux que toi, initier à la vérité et à la beauté fraîche des choses les intelligences et les âmes des écoliers? Tu seras, pendant ce mois et tout mai encore, le roi de notre classe. Et d'abord nous t'honorerons et te louerons sous les espèces des feuillages et des fleurs; tu souriras dans le bouquet dont nous ornerons fidèlement notre table d'études. Et surtout, tu seras le centre harmonieux autour duquel rayonneront tous nos exercices, animés et éclairés par toi. Des plus petits jusqu'aux plus grands — nos « grands » de douze ans! — tous nos écoliers comprendront en toi et aimeront la vie. Vois, j'avais dit hier à mes enfants de cueillir, ce matin, dans tes haies, quelques branches d'aubépines. Nous commençons par les regarder et par goûter leur exquise grâce. Puis nous la faisons distinguer et nommer, suivant la forme, la couleur, le parfum, et toute la classe, discrètement embaumée, parle de toi. Tout à l'heure, les grands tiendront dans leurs petits doigts tes pétales, tes étamines, ton calice, et tu pardonneras, à ces savants, d'analyser tes corolles. Puis ils tâcheront de leur rendre forme et nuance : et tu ne riras pas si leur aquarelle n'est pas encore transparente ni leur pastel assez léger.

Mais ces petits attendent : c'est l'heure de l'arithmétique, et tu la poétises. J'ai distribué à mon cours préparatoire tes aubépines. Ils les ont respirées, et maintenant ils en comptent les pétales. Et nous allons calculer : « Dans trois aubépines, combien de pétales?... — Avec quinze pétales, combien peut-on — pardon! combien le printemps peut-il faire d'aubépines?... »

Pourquoi mes grands ne décriraient-ils pas l'endroit où tu les fis éclore, le moment de la journée où il les ont cueillies, et ne diraient-ils pas, d'une plume inexperte, mais que je veux garder naïve et franche, les sentiments que tu fis alors naître en eux?...

Et ainsi, pendant toutes ces semaines tu seras, ô Printemps, le moniteur et le guide. Nous avons confié tes graines au jardin; nous suivrons leur éveil et leur croissance sous ton souffle et sous ton soleil. Et tu nous donnes l'audace de pousser les portes jadis moroses. Nous irons dans la campagne libre écouter tes leçons. Tu nous montreras tes plantes, tes insectes, tes nids. Tu nous sacrifieras même pour nos herbiers des plantes, que tu nous excuseras encore d'étiqueter « utiles » ou « nuisibles », bien qu'elles aient toutes la beauté de la vie. Et ce sera de la poésie, et ce sera de la science.

Tu nous feras aimer, à la découvrir par les champs, les prés et les bois, la terre, la bonne terre de France, où nos pères, depuis des siècles, se sont succédé dans la besogne auguste de semer, la terre à qui nous voulons garder, par l'attention passionnée que nous lui vouons, des bras et des cœurs.

Et nous te remercions enfin de magnifier à nos enfants une morale d'énergie et de confiance.

O toi qui fais lever le blé longtemps endormi sous les frimas, qui fais éclater soudain le travail obscur des germes, dis-nous que nous serions impardonnables, si nous ne tâchions pas d'émouvoir les petites âmes de nos enfants à ce symbolisme fier de la victoire, après l'hiver, après les froides ténèbres, de l'effort viril et du persévérant espoir. Fais-les croire, d'un élan, à la vie sincère et vibrante.

Fortifie l'instinct de croître et de lutter qui gonfle sourdement leur cœur.

Donne-leur le sens et le goût de la liberté du ciel, de l'affirmation solide de la terre, de la délicatesse des fleurs.

Et nous demanderons aux poètes de te chanter!

LE CUVIER

Qu'a donc perpétré de si noir l'institutrice de ce petit village, assis à l'écart des grandes routes, à la croisée des chemins qui rayonnent dans ses prés? La lettre parle de « mauvais vouloir », d' « agissements intolérables », et numérote ses griefs.

1° Les enfants — « d'accord avec les parents » — ne fréquentent plus l'école, « vu le caractère difficile de l'institutrice, devenu intraitable depuis les élections municipales »…. Bah? Ce printemps électoral, qui aigrit les caractères, fait bien de ne revenir que tous les quatre ans…. Mais j'ignorais qu'il y eût là un point de friction. Il y en a toujours quelques-uns, que les élections communales irritent; l'administrateur, parcourant les résultats au lendemain du scrutin, peut prédire presque à coup sûr le renouveau des « histoires »…. Il y aurait donc grève scolaire là-bas?… Les enfants, « d'accord avec les parents »…. Que serait-ce, s'ils n'étaient pas d'accord?… Enfin, c'est l'entente cordiale contre l'institutrice….

2° « Elle ne se gêne nullement pour transformer

les salles d'école » — hum !... pluriel oratoire :
l'école est mixte, à une seule classe — « pour
transformer les salles d'école en buanderie, et y
installer cuveaux à lessive et tout le matériel utile
en pareil cas. » Et l'on espère que je prendrai,
« d'urgence », les mesures qu'une pareille situa-
tion impose.... Bizarre! *Le Cuvier* : ce fut, au
moyen âge, un titre de farce. Sera-ce un drame, à
présent?... Et j'évoque une école transformée, par
la plus négligente et désinvolte des éducatrices,
en buanderie sordide, et ladite buanderie désertée
par les écoliers conscients et scandalisés....

Nous verrons bien : j'ai justement affaire bientôt
dans la région; je passerai par là.

Je demande l'école à un bambin qui traîne un
panier. C'est en face, au fond de cette placette,
encombrée de troncs d'arbre, et qui doit servir de
cour. On y entre par la ruelle, au bout de laquelle
la campagne fait comme un panneau de verdure...
« Et pourquoi n'es-tu pas à l'école? » — Un rire
silencieux d'embarras me répond. Mais d'une
porte une ménagère se penche, et à mi-voix, d'un
air de mystère : « Entrez donc, monsieur, on vous
y dira.... » Je suis tombé sur un enfant « d'accord
avec ses parents ».... J'entre. « Vous êtes monsieur
l'Inspecteur?... Eh bon! je les ai retirés, parce
qu'*elle* les maltraite.... Et sa sœur non plus n'y va
plus.... Dis donc, mon petit, au monsieur, comment qu'*elle* te fait.... Elle les met debout, et puis
les mains sur la tête.... » Je demande si ce supplice

dure longtemps ; et la mère, entourant sa progéniture : « Raconte voir au monsieur, mon petit, n'aie pas peur.... »

Je sors : on ne m'a pas parlé de lessive.... Mais ce doit être gai, dans ce village à l'écart, ce voisinage constant d'adversaires !... La maison borde la ruelle, de son pignon d'abord, puis de son jardin, sur qui donne la porte de la classe. La cour de récréation, cette placette, est ouverte à tous. Ce doit être un espionnage, des rencontres de tous les instants.... Ce ne serait pas trop d'avoir ici du caractère avec de la bonté large, de la philosophie avec de l'adresse, pour remonter ou détourner le flot des cancans. Et mon institutrice a-t-elle toutes ces qualités-là ?...

Ce que je vois, en tout cas, c'est que l'école n'est pas une buanderie.... Ni cuveaux, ni cuvier...: Le pavé de dalles bleues est bien net.... Bon !

L'institutrice est pâle, fatiguée. Je la prie de continuer sa classe, à laquelle je me mêlerai de temps en temps : je ne veux pas donner à ces enfants l'impression que j'enquête leur maîtresse. Et puisque les enfants, « d'accord avec leurs parents », désertent l'école.... Mais ils sont quinze, ce matin. La grève n'est donc pas générale.... Je compare, mois par mois, le registre d'appel de cette année avec celui de l'an passé : ils accusent des effectifs à peu près identiques. Quatre ou cinq enfants seulement, qui fréquentaient en 1911 à pareille date, ont quitté l'école. Mais je m'aperçois

qu'ils l'ont quittée *avant* les élections municipales :
la lettre dit pourtant que le caractère de l'institutrice est devenu intraitable *depuis*....

En récréation, la maîtresse se défend d'avoir
maltraité les enfants de sa voisine; elle les a punis,
quand ils étaient insupportables, et ils l'étaient particulièrement, on les poussait.... Je sens là pourtant quelque nervosité et quelque maladresse....
Deux fois, tandis que nous causons, la voisine
traverse la cour, va à son jardin.... La figure de
l'institutrice se crispe un peu; et je devine les lan-
cinements obscurs des commérages....

Quant à la lessive, oui, elle l'a faite dans la
salle de classe... et l'ancien maire n'a jamais rien
dit..., mais le jeudi seulement, et le dallage était
lavé le soir, et la classe remise bien en ordre.
« Mais voyez donc, monsieur l'Inspecteur, comment
puis-je faire? J'ai *deux* pièces : une cuisine et une
chambre à coucher!... » C'est vrai; et elle est
mariée, mère d'une grande fillette.... Ah! les
« palais scolaires »!...

Je vais chez le maire : il est absent. Mais quel
geste peut échapper, dans ce village?... Tandis
que je redescends, ma plaignante de tout à l'heure
est venue à ma rencontre : « Est-ce qu'*elle* a le
droit de faire la lessive dans l'école? » Elle jette
cela à travers la rue, mais la rue est solitaire, et
pour causer, on est chez soi.... Je n'esquive pas
l'interpellation sur la lessive. — « Mais, madame,
où voulez-vous qu'elle la fasse? Elle a deux

pièces!... Et si c'est le jeudi, vos enfants n'y sont pas?... » — Elle hésite, étonnée que le grief ne me semble pas plus monstrueux : « Ca ne fait rien ; ce n'est pas bon pour la santé.... » — Mon Dieu ! quel progrès d'hygiène!... — « Allons, madame, ce n'est pas sérieux : que lui reprochez-vous donc? — Pourquoi qu'elle ne nous parle plus? » Je tiens sans doute le vrai grief, au moins de celle-ci ; l'institutrice, trop distante, a peut-être dédaigné quelque avance.... Je fais comprendre qu'elle n'y est guère encouragée. « Et qu'est-ce qu'elle dit? » questionne encore la voisine. — Votre institutrice? Elle fait sa classe; mais elle est triste.... Voyons, c'est une femme comme vous.... » Bon! j'ai touché une fibre sensible : une petite buée — rien de la lessive — brouille les yeux de ma brave femme... oui, ce doit être, au fond, une brave femme.... Je pousse mon avantage : « Allons, madame, il faut que vous renvoyiez vos enfants à l'école. » — Un silence, une larme.... « Je veux bien, mais si.... — Mais non!... Je vous assure qu'ils seront bien traités, comme les autres, s'ils sont sages.... C'est entendu, n'est-ce pas? Je vais dire à l'institutrice que vous les lui renvoyez.... »

Ainsi finit — du moins je l'espère — le drame, l' « histoire » du cuvier.... Ma matinée n'est pas perdue. Elle l'est moins encore, si j'ai pu réconforter mon institutrice et lui donner la volonté de vaincre, sans sacrifice de dignité, par l'élévation de l'esprit autant que par la bonne humeur, avec aussi un

peu d'adresse, les commérages, les cancans. Sans
doute, ce sont là choses bien terre à terre; mais
ne font-elles pas la trame ordinaire de la vie?...
Et quelle n'est pas leur valeur, si d'elles, en grande
partie, dépend l'extinction, ou au contraire le
rayonnement de l'âme de l'école?

On n'a pas le droit, quand on est institutrice,
quand on est la femme sur qui repose l'éducation
d'un village, d'être une femme comme une autre,
qui se ferme et se recule devant les commérages,
et perd le contact des âmes, au lieu de les désarmer
et de les réduire par la franchise de l'intelligence
et du cœur.... Je sais bien, tout de même, qu'il y
faut parfois du courage.... Mais à qui l'apprendrez-
vous, si vous ne l'avez pas?...

LES ENFANTS SACRIFIÉS AUX BÊTES

Quelle impression mélancolique j'ai rapportée de ma tournée de mardi !...

Le premier tableau, pourtant, se compose bien. Une ferme isolée ouvre sa cour sur la route : des poules caquettent, un dindon fait la roue ; par la porte de la grange, on voit, dans la pénombre bleue, deux filles hâchant la paille. Devant, le cirque des champs, des collines, où pointe un lointain clocher. Un vieux, dans un champ roux à flanc de coteau, pousse l'*areau* de George Sand. Et juste en face, dans la prairie d'une couleur vigoureuse après ces pluies de printemps, un petit troupeau de moutons, que garde une fillette. Elle rappelle : « Blondinot ! » son chien, qui jappe vers moi.... C'est joli !... Mais cette petite gardeuse de moutons, dix ans à peine, devrait être à l'école....

Et de nouveau la campagne solitaire, les champs bruissants de cricris.... Je dévale un bois : des toits rouges annoncent un village.... A droite de la route, en talus de ce côté, quatre vaches paissent : un

gamin les surveille négligemment, au bas du talus,
dont il fouille du pied la pierraille grise.... De
l'autre côté, faisant pendant, quatre vaches aussi,
dans une luzerne : un gamin de dix ans les garde
de la route, ou plutôt il me regarde venir, mordil-
lant son fouet, dont la ficelle s'effiloche. Dans la luzerne, contre le bétail ruminant, une fillette est assise....
Encore trois enfants qui devraient être à l'école!...

Deux cents mètres plus loin, trois bêtes dans un
champ, et une fillette encore, qui tue le temps à
consolider un petit mur de pierres sèches.... Enfin,
derrière *une* vache, broutant majestueuse aux
marges de la route, *deux* enfants....

Au loin, mon regard qui voyage au-dessus des
nappes roses des sainfoins, des sanves d'or, des
grêles seigles argentés dont l'épi se carmine, est
arrêté çà et là, dans les combes, au flanc des
coteaux, par des taches rouges et blanches qui
bougent. Mais les jolies taches s'assombrissent pour
moi : des enfants sont partout là-bas prisonniers
auprès des vaches et des moutons qui paissent.
C'est, d'avril à novembre, le sacrifice des intelligences, enlevées aux claires leçons de l'école,
mises aux pacages à ruminer à vide.... Les enfants
sont sacrifiés aux bêtes....

Je ne change pas un mot à cette note d'un
bulletin d'inspection reçu hier : « Trois grands
élèves ne viennent plus : deux gardent les vaches,
un troisième... *les poules!* »

Ailleurs, sur quarante garçons d'âge scolaire, dix-neuf — j'ai le tableau sous les yeux — dix-neuf ont déserté l'école. Quatre, parmi eux, gardent le bétail de leurs parents; quinze dont deux de neuf ans, et un qui n'aura *huit* ans que le 7 juin, sont « loués », « partis à maître »... Ils sont loués de 5 à 12 francs par mois.

Le « remplacement » existe encore : un fermier loue un petit pâtre, pour que son fils à lui puisse fréquenter régulièrement l'école....

Que faire?... Ah! je suis loin de méconnaître certaines réalités économiques. « L'agriculture manque de bras », et je vous assure que ce n'est pas une plaisanterie. Comment condamner les parents pauvres qui louent leurs enfants, et escomptent leur entretien et leur maigre salaire?... Mais que de routine et de négligence aussi!

Que d'enfants n'enlèverait-on pas au servage des bêtes, si les pâturages étaient simplement fermés d'une clôture de ronces artificielles! Ces clôtures coûtent, paraît-il, assez cher; mais des subventions communales, départementales, ne pourraient-elles être accordées?... Ne pourrait-on pas aussi avoir un berger communal, qui réunirait le bétail épars, — et serait-il bizarre que la caisse des écoles, revivifiée, fournisse à la commune une partie de ses gages!...

Le règlement scolaire peut aussi s'assouplir suivant les exigences rurales. Donnons aux parents de bonne volonté cette impression que nous n'ignorons pas leurs besoins, mais que nous ne demandons qu'à les aider à concilier le besoin et le devoir. Et vraiment, il y a lieu d'espérer : en Haute-Marne, d'avril à novembre, nous recevons les enfants employés aux travaux des champs et de la ferme, le matin, à neuf heures et même neuf heures trente, et nous les laissons partir le soir à trois heures. En 1910, 200 écoliers ont été ainsi retenus quatre heures par jour à l'école. En 1911, nous en avons gardé 397. Ce qui est possible pour 397 enfants doit l'être pour tous....

Nous pensons même aboutir, peu à peu, pour les enfants « envoyés à maître ». Les instituteurs ont mission de s'avertir mutuellement de leurs départs et de faire auprès des employeurs une démarche amicale pour les amener à envoyer à l'école, dans les conditions d'ailleurs les plus libérales, les enfants loués chez eux. L'instituteur n'est-il pas le tuteur désigné de ces petits enfants du peuple?... La plupart des employeurs refusent; mais l'on m'en signale quatre déjà, qui envoient leurs petits pâtres à l'école, quelques heures. C'est le commencement, et la promesse.... Et quand même la démarche ne réussirait pas tout de suite, ne vaut-elle pas comme un rappel des droits de l'enfant... l'enfant du peuple souverain?...

MORT AU CHAMP D'HONNEUR !

Nous avons conduit à sa dernière demeure l'instituteur, le maître de ce village. Il y est arrivé dans la jeune force de ses vingt-cinq ans; il y a dépensé trente années d'activité et de courage; il y meurt. Sa tâche était presque faite; il allait goûter, dans quelques mois, un repos bien gagné. C'est le *leitmotiv* mélancolique que j'entends passer dans les groupes noirs de ses collègues, venus de toutes les écoles du canton rendre le suprême honneur à leur doyen : « Ce pauvre N...!... A la veille de sa retraite !... »

Il pleut. Nous marchons enveloppés de cette tristesse qui bruine, vers ce trou, où il semble que tout finit....

Je le revois, avec sa silhouette des derniers temps, les épaules un peu remontées, le pas alourdi, mais faisant vivre le visage, la clarté intelligente des yeux derrière le lorgnon. Il fallait, pour découvrir son mérite, encourager sa modestie, le mettre en confiance. Il venait d'être élevé à la première classe de ses fonctions, et ce choix lui avait dit notre estime. Combien je me félicite aujourd'hui de lui avoir donné cette joie!... Il meurt, sans avoir voulu se reposer; et elle est simplement émouvante, cette phrase du certificat médical qu'il se résignait à m'envoyer, à l'appui de sa demande de congé : « Le mal — disait le médecin — date de plus d'un mois, durant lequel, malgré mes conseils, il a voulu continuer sa classe, qu'il ne peut plus faire aujourd'hui ». Il y a de cela quatre jours, et il est mort....

Mais le cortège emplit le petit cimetière de campagne. Voici, se pressant autour de la tombe ouverte, le conseil municipal, les enfants de l'école, et une foule où toutes les familles ont leur délégué. Car c'est vraiment un deuil de famille. Les anciens élèves du maître disparu, ceux qu'il avait vus grandir et qu'il avait élevés, lui envoyaient à leur tour leurs fils et leurs filles, pour qui se rajeunissait chaque année son dévouement.

Les paroles d'adieu se succèdent, lentes, dans l'air humide qui les assourdit. Le maître loue et regrette l'homme de travail méthodique et de bon conseil, qui fut pendant trente ans le collaborateur de la municipalité, en même temps que l'éducateur de la commune. Puis, c'est une voix chevrotante d'enfant que la mort émeut, et aussi cette charge de lire en public l'hommage suprême à son maître....

Et il me semble peu à peu que, parmi ces paroles, quelques-unes ne tombent pas dans cette fosse comme une jonchée de deuil, mais qu'elles palpitent au-dessus comme des ailes vivantes. « Nous

nous rappellerons votre exemple…. Nous pratique-
rons toujours vos leçons…. »

Et un adieu surtout me touche : celui, bien
simple pourtant, fruste peut-être dans quelques
tournures, mais qu'importe? d'un grand garçon
solide, en uniforme de sous-officier du génie. Il
parle au nom des anciens élèves du maître frappé
à la tâche. Il dit la gratitude de la génération qui
a quitté l'école et ne l'a pas oubliée : ce qu'ils
seront, ce qu'ils sont déjà, c'est au maître qu'ils le
doivent; ils garderont ses leçons de travail et
d'honneur….

Eh bien non! cette fosse nous trompe, et ce
maître se survit!… Ce sentiment pieux, qui a
poussé ce jeune soldat, dès la mort de son ancien
maître annoncée, à demander la permission de
quitter sa garnison, et à venir dire devant cette
tombe l'adieu des jeunes gens de son âge, cette
piété, cette délicatesse, d'où lui viennent-elles, qui
les lui a données, si ce n'est le maître qui est couché
là? Et ce qui bat de noblement viril dans ce cœur
de jeune homme, prêt à l'honneur et au devoir,
n'est-ce pas « lui »?… Ces écoliers qui pleurent
entendent encore sa voix retentissante, qui ne
craignait pas assez la fatigue. Ils se rappelleront,
comme leurs aînés, ses accents qui stimulaient,
et parfois sa brusquerie, une brusquerie de brave
hommè, qui faisait sursauter les endormis. Et
quand toutes ces images se seront effacées, il leur
en restera une, suggestive, énergique, une image-
force : celle du maître malade, ne voulant pas

quitter sa classe, ne la quittant que pour mourir, *mort au champ d'honneur*....

N'est-ce pas que, même en ce jour funèbre, l'école se prouve vivante? Je n'ai jamais eu, pour moi, plus profonde et plus nette, l'impression de la valeur illimitée de la pensée et de l'exemple humains, et de la particulière dignité de la fonction enseignante.

Oui, élevons nos cœurs. Ne laissons pas le doute nous étreindre devant la tombe de celui qui meurt avant d'avoir reçu la récompense de son travail. Et d'ailleurs, cette récompense, malgré tout, il l'a eue, tout au long de sa vie modeste et méritoire : car c'est justement la grandeur et la moralité du travail qu'il renouvelle sans cesse dans l'homme la source de l'activité et de la joie : et quel travail ici! former des âmes, faire des hommes. Mais la récompense surtout, c'est la propagation de ses leçons, c'est la survie dans les âmes de ceux qui le pleurent à cette heure. Non, la mort n'enterre pas l'esprit d'un maître, et le dernier mot qu'on doive dire sur sa tombe est une revendication d'immortalité.

LA PRIÈRE ET LES RÉPONS

Il paraît que je poursuis de noirs desseins : je ne veux rien moins que « faire une contre-Église ». Oh! pas à moi tout seul, sans doute; mais enfin, si je vous ai incités, il y a quelques semaines — me faites-vous la grâce de vous en souvenir un peu? — à commencer votre classe par une élévation morale, notre « prière du matin », c'est « qu'on sent — dit un journal universel et romain — qu'à l'école laïcisée il manque quelque chose pour ouvrir la journée », et « qu'on veut faire comme l'Église, tout en faisant autre chose qu'elle ». Oui, nous voulons remplacer le *Pater!*... Et par quoi, grand Dieu?... Vous laisser le choix de la « prière », n'est-ce pas « le comble de l'imprudence, même du point de vue laïque »? « C'est la tentation offerte, non seulement au fanatisme religieux, mais encore au fanatisme antimilitariste, antipatriotique, antisocial. On aura, çà et là, des méditations sur l'anthropopithèque, des élévations sur la C. G. T. » — Voici maintenant l'article traduit en un style... dirai-je plus « libre »? J'y deviens « le sieur Blanguernon », et j'ai « imaginé de remplacer à l'école laïque les prières catholiques qu'on y récitait autrefois avant le règne des sectaires. Plus de *Pater*, comme aux temps abolis de l'ignorance.... » Quel Homais je fais! Et l'on pense avec horreur à vos « élucubrations », d'où doit sortir, « d'après mes projets », la prière du matin de l'école laïque. Les... foudres d'un troisième sont plus courtoises. Mais je suis un confesseur bien imprudent de notre pauvreté morale : il y a, dans mes « admonitions », « le sentiment qu'il manque quelque chose à l'école laïcisée de M. Buisson »! — « La prière du matin de l'inspecteur », cela fait ensuite un beau titre dans les bonnes feuilles provinciales. Je ne prévoyais pas que ma « prière » dût avoir tant de répons....

Nous n'avons jamais songé — qu'on se rassure — à remplacer le *Pater*. C'est une prière admirable, pour ceux du moins qui croient en un Dieu personnel, dont la providence veille sur tous. Mais pour les consciences qui élèvent contre cette providence l'angoissante objection du mal?... C'est une prière admirable encore, mais dont la répétition machinale annihile la vertu. Quoi qu'il en soit, nous n'avons pas l'inconvenant dessein de la faire abandonner de ceux pour qui elle peut être une aide morale. Qui empêche nos élèves de la dire avant d'entrer dans nos classes? Notre « élévation » en doublera l'effet. Mais tous nos élèves, qu'ils disent ou non, qu'ils comprennent ou non le *Pater*, tous, d'où qu'ils viennent et quoi qu'ils croient, communieront dans cette élévation. Et c'est justement ce que redoutent les adversaires de l'école laïque; ils voudraient garder à l'Église le monopole de l'action moralisatrice; ils ne veulent pas que nous travaillions, en dehors d'elle, à l'union des cœurs; et ils protestent, accusent et raillent, quand l'école laïque fait simplement sa profession de foi.

Et je suis, moi, imprudent autant que sectaire. J'invite, sans le savoir, aux méditations sur l'hervéisme et la C. G. T. Quel criminel aveuglement fait que je suis bien tranquille?... Et là encore se révèle l'esprit de secte et de parti. Nos critiques ne prennent pas garde qu'ils dénoncent leur propre exclusivisme : ils ne peuvent admettre qu'à l'école laïque, école nationale, école du peuple, de tout le peuple, le maître ne veuille, fermement, sereinement, enseigner que ce qui nourrit, rapproche et émeut ensemble toutes les âmes. C'est la conséquence, et la récompense, de la neutralité scolaire, noblement conçue et pratiquée, que l'instituteur, abandonnant tout ce qui divise et déchire, ait d'autant plus de force pour communiquer ce qui unit et grandit. A toute heure, notre école est ainsi une maîtresse de morale; et notre « prière du matin » ne remplace pas : elle ajoute; elle n'a pour but que de concentrer, à une heure plus particulièrement propice, la vertu de l'éducation laïque qui s'y diffuse tout le jour, et qui en rayonne....

J'ouvre mon carnet d'inspection. Je suis entré dans cette école mixte, après la leçon de morale; je ne l'ai donc pas entendue; mais au tableau noir vibre encore ce « résumé » qu'on apprendra par cœur, qui restera dans les cœurs : *Il n'y a pas de gloire comparable à celle du citoyen qui meurt pour son pays!...*

Dans un autre village, à l'auberge, où (parenthèse de gourmand) j'ai déjeuné d'une fine truite, j'écoute l'aubergiste me dire — et il me semble, avec quelque fierté — que dans le pays il n'y a plus de « ribotes ». Les jeunes gens, le dimanche, boivent de la bière, du vin, mais pas de liqueurs ni d'absinthe. Pour les distraire sainement, l'instituteur, à la fin de sa carrière, mais toujours ingambe, vient d'organiser une section de foot-ball. Ainsi, l'alcoolisme recule, dans nos campagnes haut-marnaises, devant les leçons de l'instituteur....

Ailleurs, un mercredi, je sors de l'école à quatre heures. Je cause avec le maître ; mais quatre grands du cours moyen restent sur la place, semblant attendre. Ils attendent en effet qu'on les mène au tir. La commune n'est pas assez riche pour avoir un stand, mais trois communes peuvent en établir un : alors, deux fois par semaine, la journée scolaire achevée, leurs trois instituteurs se rejoignent au stand intercommunal, à trois kilomètres d'ici. Pourtant les six heures de classes sont lourdes, et le secrétariat de mairie les reprendra au retour. Je serre la main à celui qui s'en va, sans qu'il croie rien faire que de très simple. Ah! les braves gens!...

Et c'est, dans l'école, hors de l'école, de toutes parts ainsi. Non, l'école laïque n'a besoin de l'indulgente pitié de personne, et elle dédaigne les dédains.

... D'une lettre d'une institutrice de Bretagne,
en excursion de Pentecôte : « Je suis entrée dans
une auberge pour avoir un verre de lait. Le verre
est clair, le lait est frais, et l'hôtesse a une figure
claire et obligeante, un peu timide, ce qui me navre,
car je n'ai guère l'air imposant. Des gamins et
gamines, qui jouent au foyer, m'entourent, curieux,
et au bout de cinq minutes on est amis, sans s'être
rien dit; et si je leur disais : « Venez », ils vien-
draient. N'est-ce pas bizarre, cette intuition des
enfants? Comme leur instinct est sûr! Une institutrice rencontre *sa* famille partout, tous les enfants
sont à elle.... » Je suis sûr que mes lectrices aimeront cette confidence, où elles se retrouvent....
Mais ne dira-t-on pas que cette institutrice laïque
est bien audacieuse de s'approprier, sans en avoir
l'air, l'appel de Jésus : « Laissez venir à moi les
petits enfants? »... Et ne va-t-on pas m'accuser de
vouloir, après la « prière », laïciser l'Évangile?...

LE FILS DU GENDARME

J'ÉTAIS l'autre jour dans la classe d'un jeune adjoint, chargé d'un cours préparatoire et de la première année d'un cours élémentaire. Le maître avait trouvé bon de répartir en trois sections ses bonshommes. C'est une de trop, mais ce n'est pas de cela qu'il s'agit, et je ne fais que vous présenter le moniteur, un « grand » du cours élémentaire, dirigeant au tableau, baguette en main, la lecture hésitante d'un cercle du cours préparatoire(2ᵉ année). A l'autre bout de la classe, le maître tâchait de captiver l'attention des plus petits, et la mienne, sur les rotondités à boucle d'une rangée d'O.

Cependant, une coupable distraction détournait les têtes vers le mur où « Monsieur l'Inspecteur » apprenait à lire. Alors, la baguette inflexible du moniteur touchait les fronts, et les rappelait au devoir, inscrit sur le tableau en syllabes multicolores (Un bon point pour l'emploi des craies de couleur!). Et, plusieurs fois, le jeune maître, détaché un instant de ses néophytes, cria vers le même point du cercle : « Fais donc attention, Durand!... Durand! veux-tu faire attention!... »

Je fus curieux de connaître ce Durand, qui, contre tout règlement (mais ne faut-il pas familiariser les débutants avec la seconde personne du singulier?), incitait au tutoiement le jeune maître. Durand, son nez retroussé, ses yeux ronds surplombés d'un front ni haut, ni bas, un honnête front de gamin ahuri sous des cheveux pointant court, tout Durand me fut donc désigné d'une dextre dédaigneuse : « C'est un fils de gendarme... je n'ai jamais vu tête si dure... il ne veut rien faire!... »

Je dis alors à Durand, tutoyant aussi, je m'en accuse : « C'est vrai? Tu ne veux rien faire? » — Signe de tête négatif. — « Pas possible!... Tu veux bien travailler? » — Énergique affirmation. — » Ton papa serait content, si tu travaillais bien à l'école? Réponds.... » La tête affirme encore. — « Eh bien! va travailler. » La leçon de lecture était finie, et le moniteur surveillait la rentrée des bancs. Deux minutes après, Durand, toujours muet, brandissait vers moi une ardoise couverte de syllabes. « Vous l'avez encouragé; alors il se dépêche », dit naïvement le maître. Durand faisait du zèle!

Après la classe, j'invitai le jeune stagiaire à méditer avec moi l'incident Durand. Nous analysâmes la phrase dont, à haute voix, il avait caractérisé son disciple ahuri : « C'est un fils de gendarme... je n'ai jamais vu tête si dure... il ne veut rien faire!... » Durand a-t-il la tête si dure, ou ne veut-il rien faire? Les deux ne sont pas synonymes. S'il ne veut rien faire, c'est une paresse à vaincre, et dont il faut rechercher les causes. Mais s'il a la tête dure... si dure..., il faut tâcher de l'amollir, encourager Durand, et non pas le ranger définitivement dans la catégorie des têtes dures. Vous lui persuadez au contraire que tout effort lui serait inutile, puisque rien n'attendrirait ses méninges. Mon jeune maître acquiesçait.

Mais je lui dis à brûle-pourpoint : « Et puis, vous êtes un grand imprudent ! — Comment donc ? monsieur l'Inspecteur. — Comment ?... Vous stigmatisez la tête dure et la paresse de Durand et me le présentez en ces termes, de toute votre voix retentissante : « C'est un fils de gendarme !... » Le gendarme apparaît ainsi la cause, dont la tête dure est l'effet.... Laissez vos paroles se répandre, se déformer, hors de la classe : vous voilà suspect, et accusé.... On ne dira pas que vous avez énoncé d'abord l'état civil et social du jeune Durand, puis ses défauts scolaires.... Non, vous aurez dit : les gendarmes ne sont pas intelligents et leurs fils sont des buses.... Vous serez l'antipatriote qui calomnie la maréchaussée ! »

Et le jeune stagiaire voulut bien s'affirmer doublement convaincu des avantages d'une pédagogie moins rudimentaire et plus amène.

« DES SIZANIES! »

Mᴏɴsɪᴇᴜʀ l'Inspecteur de l'*Accadémie française.* »
Cette suscription (scrupuleusement relevée),
l'écriture malhabile ou contrefaite, la grossière
enveloppe de papier jaune : un administrateur ne
s'y trompe pas : c'est la lettre de plainte, et, trois
fois sur quatre, la lettre anonyme. Qu'en faire? Évidemment, la lettre anonyme, lâche, n'aura pas les
honneurs du dossier. Elle sera envoyée à l'instituteur, non pour qu'il y réponde — on ne répond
pas à un masque — mais « à titre de rensei-
gnement », et pour qu'il soit sur ses gardes.
Visant l'institutrice, la femme, elle est encore
plus lâche, et sa simple communication risque
de blesser. Elle est donc allée au feu sans tar-
der, malgré son outrance bouffonne, cette lettre d'hier accusant une très honnête femme
« d'être surprise en flagrant délit d'adultère *tous
les jours...* »

Que nous apporte l'enveloppe jaune d'aujour-
d'hui? Du moins, la lettre est signée. L'institutrice
serait-elle la femme sans moralité que cette « mère
de famille indignée » l'accuse d'être?... Oui, mon-

sieur l'Inspecteur, elle a osé traiter mes deux filles de Sizanies, et ce n'est pas des mots à trouver dans la bouche d'une institutrice!... » Mais quoi? juste ciel! des « Sizanies »?... Et soudain, mes ténèbres s'illuminent. O Courteline, tu n'as pas inventé ton gendarme Labourbourax. La maréchaussée a « des Visus », mais l'école a ses « Sizanies ». Cela vous apprendra, mademoiselle, à employer, dans vos objurgations à vos élèves dissipées, les mots rares et nobles. J'entends d'ici votre voix pincée : « Vous semez la zizanie dans cette classe! » Et vos petites paysannes sont parties, abasourdies; et la mère s'indigne, dans un cercle de commères : « Elle n'a pas le droit de traiter mes filles de Siza- nies!... Sizanie? où va-t-elle chercher des mots pareils?... Sizanie! l'abominable insulte!... Et c'est une institutrice!... Je vais lui en donner, des Sizanies!... »

« Monsieur l'Inspecteur de l'*Accadémie fran- çaise* » a bien ri par-dessus son courrier..., mais maintenant, il songe.... Il songe qu'il y a là-bas des fillettes qui s'imaginent avoir été injuriées, une bonne femme, sans doute une brave fem- me, qui croit avoir le droit et le devoir d'être « indignée », qui en a pris celui d'accuser la maîtresse de ses enfants.... Qu'on les détrom- pe : elles seront humiliées de n'avoir pas com- pris.... Elles sentiront, entre elles et l'institu- trice, la barrière des phrases et des mots « dis- tingués ».... L'éducatrice du peuple et le peuple no seront pas du même monde.... Quelle communion de vie morale peut-il y avoir dans cette école?...

Pensez-y, mademoiselle : soyez simple, et ne semez plus de zizanie....

LA LEÇON DE LECTURE

Tous les maîtres savent la difficulté de la leçon de lecture. Si l'on mesure la valeur d'un exercice à l'intérêt, à la vie qu'il suscite dans la classe, il y a lieu trop souvent d'être navré par le traînassement monotone ou les arrêts inintelligents à bout de souffle, par la voix antinaturelle des jeunes lecteurs. Quand donc entendrons-nous en classe la voix franche et vraie de la récréation? Ce jour-là, nous pourrons nous réjouir : nos exercices artificiels seront devenus vivants.

Comment faire une leçon de lecture? Nous écartons tout de suite les fallacieuses distinctions entre lecture courante, lecture expressive, lecture expliquée. On ne les sépare que par un vrai contresens sur les programmes. Il n'y a pas de lecture courante d'un texte qu'on ne comprend pas, qu'on ne sent pas.

Et d'abord, toute leçon de lecture demande une préparation. Aucune leçon ne s'improvise, et celle-ci pas plus qu'une autre; je dirais même qu'elle s'improvise moins qu'une autre. Il ne s'agit pas seulement, pour bien lire et bien montrer à lire, d'articuler nettement, de s'arrêter le temps convenable aux différents signes de ponctuation; il y a des mots à mettre en valeur, d'autres à estomper : c'est une œuvre d'art qu'une page bien faite, dont il faut rendre sensible la composition, faire ici saillir la charpente, détacher là un accent, adoucir ailleurs une nuance. Une lecture ne peut être expressive qu'après une analyse littéraire minutieuse, pratiquée par le maître avant la classe, et dont il traduit les trouvailles par le ton et la conduite de la voix.

Il serait bon aussi que de son côté l'élève prépare, j'entends qu'il parcoure attentivement le morceau qui fera l'objet de l'exercice de lecture, que ce soit dans la famille, ou en classe avant l'exercice même. Cette lecture silencieuse pourrait être accompagnée de la recherche dans le dictionnaire du sens de certains mots.

C'est le maître qui commence l'exercice. Il lit d'abord le morceau, d'un ton qui ne s'écarte jamais du naturel, indiquant et non déclamant; tout en débrouillant de la voix le sens du morceau, il donne l'exemple de l'expression. Mais surtout, qu'il lise le morceau tout entier. Rien de plus mauvais que ces explications qui interrompent le fil, dispersent l'intérêt, déroutent l'attention des élèves qu'il faut ressaisir après chaque glose. Il faut dérouler le morceau d'une seule tenue; sans quoi, pas d'impression d'ensemble.

La lecture achevée par le maître, il convient de s'assurer de la compréhension générale. Invitez les enfants à fermer leurs livres, et faites-leur résumer le morceau. Secourus l'un par l'autre, redressés par le maître, ils finissent, rapidement, par formuler et retenir le sens fondamental. Les livres rouverts ensuite, le maître fera trouver le sens de quelques expressions pas trop nombreuses : trois ou quatre; car c'est l'exercice de la lecture, de la voix et de l'œil, qui doit prévaloir; et l'on aura d'autres occasions de préciser des sens et des nuances au cours de la lecture par les élèves.

Le maître maintenant fait lire. Il commence toujours par la lecture individuelle, quel que soit l'effectif de la classe; la lecture collective, par groupes de deux ou de trois, ne vient qu'ensuite, et si le nombre l'impose, quand le sens d'un passage est bien saisi et l'expression bien attrapée. Signalons par parenthèse le défaut de trop d'écoliers qui suivent du doigt la ligne qu'ils lisent : c'est le moyen d'ânonner, et jamais les yeux ne prendront l'habitude d'embrasser la phrase membre par membre, ce qui est pourtant la condition d'une lecture rapide et sûre.

Le maître laissera l'enfant lire une phrase complète, ou plusieurs phrases qui forment un tout, — sauf le cas d'une faute de prononciation, qu'il relève au passage, et l'enfant reprend alors, non le mot corrigé, mais le membre de phrase. Le maître redresse ensuite les erreurs d'expression. L'expression est, si l'on peut dire, la pierre de touche de l'intelligence, du sentiment, du naturel aussi : car rien ne serait plus dangereux que de laisser prendre à l'enfant un ton artificiel, ou pis encore, de le lui faire prendre : la lecture serait ainsi un exercice d'insincérité.

Et c'est ici que l'on peut juger de la préparation du maître et de sa pénétration. Prenons un exemple dans une page de Jules Simon, qui figure dans plus d'un « Choix de Lectures » sous le titre : *Souvenirs des premières années :*

... Quand j'avais couru toute la journée, c'était un moment délicieux pour moi que celui où je sentais venir le sommeil. Je *pensais* que tout le monde m'aimait et que j'aimais tous le monde. Je *pensais* qu'on m'aimerait encore plus quand je serais grand, parce que je ferais plus de bien. Ma pensée *flottait* entre le désir d'être un jour capitaine avec des épaulettes d'or et celui de devenir avocat et d'étonner tout le monde de mon éloquence. Le sommeil bienfaisant venait par làdessus....

Je ne m'arrête qu'aux phrases dont j'ai souligné le verbe. Pense-t-on assez, à ce propos, que c'est le verbe qui doit attirer spécialement l'attention du maître préparant sa leçon de lecture? Dans les phrases bien construites, le verbe, comme le disaient les Goncourt, est vraiment l'os de la phrase; c'est lui qui porte l'idée. Or, dans nos phrases citées, le contresens est facile. Je les ai entendu dire d'un ton sec, comme ceci : « Je pensais que tout le monde m'aimait — et que.... Ma pensée — flottait entre le désir — d'être un jour, etc.... » Ces arrêts sont désastreux. Il s'agit d'une rêverie qui précède un sommeil d'enfant. Arrêtez-vous donc après *je pensais*, ou plutôt prolongez, tenez la voix. Cela ne veut pas dire : je croyais, j'étais d'avis : ce serait absurde. Non, la pensée se promène doucement sur des images chères, et cela est bien indiqué par la reprise du même verbe : c'est la songerie qui se prolonge. Puis le sommeil approche : la pensée *flotte* maintenant : c'est après le verbe qu'il faut s'arrêter, ou mieux tenir la voix; si vous né vous arrêtez qu'après le mot « désir », tout l'effet disparaît, rien n'est senti; de même, marquez un léger arrêt après « capitaine », et détachez, comme entre deux virgules, les « épaulettes d'or », car c'est elles qui brillent dans la songerie de l'enfant et le fascinent.... Faites trouver tout cela à vos élèves, par des questions toutes simples, qui réveillent ou suscitent leurs impressions propres. A cette condition, la lecture sera expressive, et ce sera, de façon modeste, mais vivante, éducative, — mon Dieu, oui! — de l'analyse littéraire.

Chaque paragraphe, ainsi débrouillé, atteint dans sa substance intellectuelle et émotive, est relu ensuite par un, par plusieurs élèves. Le morceau enfin achevé est repris dès son début, les lecteurs se succédant, si l'on veut, à chacune de ses parties, individuellement, ou par groupes. Et le maître clôt l'exercice en le relisant une dernière fois, d'une seule tenue, comme il a commencé, dans une lecture expressive, qui est comme la condensation de toutes les explications, de toutes les émotions, de toutes les découvertes de la leçon de lecture.

LE PAPE ET L'EMPEREUR

L'INSTITUTEUR vient de faire à ses élèves du cours moyen une intéressante leçon d'histoire. C'est la quatrième ou la cinquième qu'il consacre à Napoléon. Tour à tour le général Bonaparte, le premier consul, l'empereur, le conquérant, ont été présentés à l'attention et à l'imagination enfantines. La dernière illustration de la leçon d'aujourd'hui a été l'acte d'abdication de l'empereur à Fontainebleau. On en a même déchiffré le fac-similé.... Puis le maître, voulant ramasser vivement les leçons précédentes, interroge un garçonnet de dix à onze ans : « Qu'est-ce que Napoléon Ier? — C'est le pape, monsieur. » — C'est le pape!... L'instituteur, d'abord ahuri — et il y a de quoi — précipite maintenant ses questions indignées : « Mais tu ne te rappelles donc pas Bonaparte au siège de Toulon? en Italie? en Égypte? — Si, monsieur. — Est-ce que le général Bonaparte n'est pas devenu premier consul? empereur? — Si, monsieur. — Tu as, dans ton livre, un portrait de Napoléon. Qu'y a-t-il dessous? — Napoléon Ier, empereur. — Et tu me dis que c'est le pape!... » Heureusement qu'un autre le rassérène un peu, en expliquant congrûment le terme d'abdication : « Cela veut dire que Napoléon a donné sa démission d'empereur ».

Mais par quelle transmutation Napoléon est-il devenu « le pape » dans cette cervelle enfantine? L'étourderie pure n'en rend pas compte. Impossible de douter de la bonne foi de l'enfant, tout confus, à présent, de sa méprise.... Réflexion faite, il n'y a rien là de mystérieux, et nous devons être en présence d'une bizarre association d'idées, formée autour du mot « Fontainebleau ». C'est à Fontainebleau que l'empereur abdique. C'est à Fontainebleau, se souvient l'élève d'après une précédente leçon, que l'on a emprisonné le pape. Prison, abdication, pape, empereur, à Fontainebleau. Tout cela s'enchaîne et se brouille. Résultat : « Qu'est-ce que Napoléon Ier? — C'est le pape. »

Très bien, direz-vous; mais que conclure? — Je conclurais, en tout cas, que je voudrais bien que les détracteurs de l'instituteur public, qui mettent royalement à son compte toutes les bévues de conscrits illettrés, entendissent cet écolier de dix ans et demi, après cinq leçons, illustrées de documents et d'images, identifier le pape et l'empereur....

Pour la conclusion pédagogique, elle est plus délicate. Nous pouvons nous croire en présence d'un cas exceptionnel d'automatisme. Exceptionnel?... Quel est le pourcentage d'esprits, où un froissement de mots déclanche ainsi le jugement, sans contrôle?... Mais nous pouvons tout au moins constater que l'esprit de cet enfant n'était pas capable de dominer, de comprendre, je veux dire de classer, et de retenir classées toutes les notions qu'on lui avait données sur Napoléon. Il a suffi qu'un mot, celui de Fontainebleau en l'espèce, se dresse pareillement sur deux cases de sa pensée instable, pour que le contenu de ces deux cases se brasse et se résolve en l'identité effarante : le pape *est* l'empereur....

Vous me dites que cet enfant n'est pas intelligent. C'est possible. Mais les autres?... Je me demande, et je ne suis pas le premier à me demander si nous ne nous leurrons pas en voulant intéresser à l'histoire, comme des hommes, la plupart des enfants de nos écoles primaires.

A quel âge, en effet, l'enfant peut-il se détacher de lui, comprendre, même d'une façon vague, que le temps s'écoule, qu'il y a eu des siècles où lui n'existait pas, qu'il viendra un temps où lui ne sera plus? Le jeune enfant n'en a nulle conscience; il n'a que deux termes de comparaison, deux classes où il range les êtres : les « petits », dont il est, et les « grands », qui le nourrissent et lui commandent... ou lui obéissent. Il ne peut concevoir qu'une vie oscillant entre ces deux termes, et vous avez tous entendu un bambin dire adorablement à une grande personne : « Quand tu seras petit.... » Regardez ce bonhomme de trois ans et cinq mois, couché sur le dos, devant le feu de la chambre à coucher, à côté de sa sœur; il joue à être mort : « On est mort, dis, Olga? — Si tu veux ! » condescendent les cinq ans de l'autre, élève du jardin d'enfants de notre école annexe. — « On est dans la terre.... » Un silence, et un frémissement... de plaisir : « On va nous mettre tous nos zouets... et une tartine ! » — Il est vrai que tu as bien le temps, mon petit, d'apprendre l'histoire... — Bien le temps ? Cela grandit si vite ! Et je me rappelle un grave écolier de six ans et demi : il revient de sa classe, tout pénétré d'une leçon d'histoire, et il aborde son père d'un ton quasi anxieux : « Dis donc, papa, qu'est-ce que tu faisais au temps des Gaulois ? »

Y aura-t-il encore des pédagogues pour se récrier, quand on leur dira que l'histoire, au cours préparatoire, et pendant une partie du cours élémentaire, devrait être réduite, non seulement aux « récits familiers » que recommande le programme, mais « aux histoires » plus qu'à l'histoire, aux contes vrais, qui commenceraient bien ainsi : « Il y avait une fois... » ?

Mais nous sommes au cours moyen ? — C'est vrai. Entre neuf et dix ans, on peut croire que l'enfant conçoit la succession des temps. Dès qu'il prend conscience de la mort, il peut commencer à étudier l'histoire. Mais n'allons pas oublier qu'il y a encore si peu de mois il était incapable de penser que lui-même n'était pas ou du moins que son père ne fût pas éternel ; et ne le gavons pas de noms, de faits, même d'images, que sa sensibilité et son intelligence, tout actuelles, restent impuissantes à s'assimiler en grand nombre !

Tâchons que chacune de nos petites leçons d'histoire soit consacrée à un objet simple, ait un « centre d'intérêt » précis, que des récits, que des images éclairent, mais dont toute la lumière converge sur lui, au lieu qu'elle se fragmente sur des détails. Sacrifions pour cela — je sais que c'est dur, et semble presque humiliant aux débutants — les déchets de notre propre science (n'est-ce pas ? qui s'en va si vite ?). Résumons cette leçon dans quelques phrases, le moins possible, condensées, expressives, dont on expliquera chaque mot, qu'on retiendra par cœur ; et on fera la preuve, avant chaque nouvelle leçon, que sous la formule de l'ancienne sont restées des choses claires. Une toute petite idée claire demeurant par leçon : que ce serait admirable !

Et tous nos vœux vous accompagnent ! Car tel qui juge de haut les « primaires » n'a sans doute pas pensé que l'histoire est moins facile à enseigner à l'école primaire qu'au Collège de France.

EN CLASSE DE GÉOGRAPHIE

Oɴ avait « en leçon » à repasser le Jura et les Vosges. « Le Jura est un massif de montagnes, qui s'étend jusqu'en Souabe et en Franconie. Son sommet le plus élevé est le Crêt de la Neige (1 723 mètres). Il est formé de chaînons parallèles. Les Vosges.... » J'arrête la petite élève du cours moyen, l'élève « qui sait », et qui me dévide ainsi sa leçon, devant la carte. « Pas si vite ! mon enfant. Vous allez m'essouffler. »

Pourquoi l'a-t-on envoyée devant la carte, une belle carte n° 3 de Vidal-Lablache, qui ne demande qu'à se faire lire ? Est-ce tout, qu'on y montre du doigt *le mot* Jᴜʀᴀ : et qu'on y cherche le Crêt de la Neige ? N'oubliez pas les 1 723 mètres...

« Voyons, ma petite fille : la Souabe et la Franconie, c'est très joli de savoir ces noms-là, mais j'ai peur de m'y perdre. Dites-moi donc plutôt de quel côté des Alpes semble se détacher le Jura.... Regardez votre carte.... Bon, il s'en détache au nord-ouest.... Et dans quelle direction s'oriente le massif ?.... Du sud au nord-est.... Mais, voudriez-vous me dire maintenant la longueur du Jura dans sa partie française ? » — L'enfant ouvre de grands yeux, et glissé vers ses compagnes un regard qui les prend à témoin de l'inopportunité évidente de ma question.... « Vous ne savez pas? — Non, monsieur. — Eh bien, moi non plus! » — L'étonnement apparaît sur toutes les figures curieuses. « Comment allons-nous faire?... Regardez au bas de votre carte; au-dessus de cette ligne graduée, quel mot lisez-vous? — Échelle. — Qui pourra me dire ce que c'est qu'une échelle?... » Une étourdie crie au fond de la classe : « C'est deux barreaux avec des bâtons! — Taisez-vous, ma petite fille, ou je vous y fais monter.... A côté du mot : échelle, ne voyez-vous pas une fraction? — Si, monsieur. — Écrivez-la au tableau. — 1 : 1 100 000. — Eh bien, cela veut dire que les longueurs, sur votre carte, 1 100 000 fois plus petites que les longueurs correspondantes sur la terre. L'échelle, c'est le rapport entre ces longueurs. 1 mètre de votre carte représente donc ?... 1 100 000 mètres. — Ou bien? en kilomètres? — 1 100 kilomètres sur le terrain. — Et un centimètre? — Il représente cent fois moins. — C'est-à-dire? — 11 kilomètres. — Pouvez-vous me trouver maintenant la longueur du Jura? — Oui, en mesurant sur la carte avec le double décimètre. » — La fillette, toute fière, a trouvé environ 18 centimètres; et l'opération, faite au tableau noir, nous a donné 198 kilomètres. Nous avons cherché ensuite, de la même façon, la largeur du massif, non sans une vive discussion préalable, où une fillette se fit moquer de ses compagnes, parce qu'elle allait jusqu'à présumer au massif une largeur de 10 kilomètres. Pensez donc! quel chiffre fantastique : dix fois 1.000 mètres! Et je m'aperçus, une fois de plus, que les chiffres disent bien peu aux enfants, quand il les ont appris dans leur abstraction arithmétique. Nous comprîmes un peu mieux, en nous figurant le Jura large environ comme deux fois la distance de Chaumont à Langres.

Je rougis presque, chers lecteurs, de m'arrêter aussi longuement à cet abécédaire de la géographie; mais je vous assure que mes fillettes, dont c'étaient les premières mensurations, y prenaient un intérêt visible. Elles s'apercevaient tout à coup qu'une carte parle, à qui sait l'interroger….

« Vous m'avez appris, ma petite fille, que le sommet le plus élevé du Jura est le Crêt de la Neige, et vous m'avez dit ensuite que le Jura était formé de chaînons parallèles. Est-ce que ce mot de *Crêt* ne vous a pas frappée?… » Hésitations, recherches, bref, nous avons trouvé, comme vous vous y attendez, que les arêtes ou crêts dominant les longues combes longitudinales qui remplacent les lignes de faîte de certaines chaînes, il eût été préférable sans doute de décrire l'aspect général du massif et de ne citer qu'ensuite le plus élevé de ces crêts caractéristiques.

« Et maintenant, passons aux Vosges. Qu'y a-t-il entre les Vosges et le Jura? — La trouée de Belfort. — Y est-on beaucoup plus bas qu'au Crêt de la Neige? — Oui, monsieur. — De combien, à peu près? — Les yeux se lèvent encore, et le menton hésite, à petits coups..... — Mais votre carte a des couleurs, ma petite fille. Quelle est la couleur de la région de Belfort? — Bistre clair. — Parfait! Voulez-vous regarder, toujours au bas de votre carte, dans cette petite gamme de couleurs. Que lisez-vous en face du bistre clair? — De 200 à 500 mètres. — Très bien. Et le Crêt de la Neige est à...? — 1 723 mètres. — Vous voyez comme nous sommes descendus..... Et qu'y a-t-il, en tête de ce petit carton du bas de la carte, où vous venez d'apprendre le langage du bistre et le maniement de l'échelle? — Légende. — Oui, mais cela ne signifie pas histoire ou conte, cela veut dire : *les choses qu'il faut lire.* La légende dit aux écolières : « Lisez-moi! » Et la petite s'en est retournée à sa place, après avoir jeté à la carte qui parle un regard étonné et charmé.

Au tour d'une autre de me « réciter » les Vosges. Celle-là commence par m'énumérer les ballons. Combien de temps sa mémoire gardera-t-elle saufs les 1 426 mètres du ballon de Guebwiller?... « Ma petite fille, voulez-vous me faire plaisir? Reprenez l'ordre de tout à l'heure. » Et de nouveau, nous avons trouvé l'orientation générale, les grandes dimensions, l'aspect du massif et nommé enfin les ballons.... Car nous voulons, n'est-ce pas? que la géographie ne soit plus de la nomenclature, qui cahote des mots sans couleur et sans vie, au hasard, dans la mémoire : ce n'est pas seulement la géographie qui souffre du verbalisme et du désordre, mais toute l'éducation....

Quand nous eûmes fini de la récitation des Vosges, je demandai : « Des montagnes du Jura et des Vosges, quelles sont les plus jeunes, et quelles sont les plus vieilles?... » Pour le coup, il y eut dans la classe des effarements ; de petites mines, où l'étonnement se nuançait d'espièglerie, me signifièrent que la plaisanterie était un peu forte. Et une fillette me demanda : « A quoi ça se voit donc, monsieur? » Je leur ai alors évoqué, en quelques phrases, comme peut le faire un profane, la lente usure, pendant des milliers et des milliers de siècles, des « ballons » et des « chaumes »... Les yeux brillaient, comme à une belle histoire. Et l'imagination géographique se leva en elles pour la première fois...

Guerre donc aux mots, et faisons lire, comprendre, admirer à nos enfants la belle terre de France! Mais il y faut une initiation. Au lieu de commencer cette lecture dans les livres, déchiffrons d'abord la page vivante que notre petit pays déroule à nos yeux. Comment l'enfant verrait-il l'accident, le phénomène réel, sous le terme géographique, s'il n'a pas découvert la réalité de son terroi ? Comment aurait-il l'intelligence d'une régio. française, si on ne lui a pas montré, dans un milieu bien précis, familier, le sien, les rapports de la terre et des hommes? La géographie locale est ainsi à la base de l'enseignement géographique, qui ne peut être vivant que s'il s'ancre d'abord, pour en rayonner ensuite, dans le petit pays où vit l'enfant et où s'élève l'école. Que le maître fasse observer à ses élèves les phénomènes qui caractérisent leur terroir, qu'ils comprennent comment la vie de leur village, de leur petite région, en a été déterminée, qu'ils apprennent enfin comment l'intelligence et l'activité humaines ont agi à leur tour sur ce coin de terre française. S'ils ont vraiment compris et non plus nommé, s'ils ont senti l'enchaînement, l'interdépendance des choses, ils ne se contenteront plus, ils ne pourront plus se contenter, eux ni leur maître, d'une nomenclature insipide retenue au hasard.

Et peut-être aurons-nous donné ainsi à leur âme autant qu'à leur intelligence. Dans un délicieux récit, *la Maison* qu'achève de publier en ce moment la *Revue des Deux Mondes*, un écrivain contemporain, M. Henry Bordeaux, conte les promenades d'un grand-père et de son petit-fils. Ce grand-père est un original, mais qui découvre aux yeux et au rêve neufs de son compagnon les bois, les champs, les eaux, la liberté et la beauté de la nature : « Il n'y a pas de propriétaire plus riche que moi, entends-tu? » lui dit-il un jour devant un ravissant paysage. « Cette eau, ces bois, ces prés, tout cela est à moi. Je ne m'en occupe jamais, et c'est à moi tout de même. » Et il couronne plaisamment de sa main la tête de l'enfant, comme pour l'investir de ce domaine : « C'est à moi, et je te le donne... » Ouvrons les yeux, l'intelligence, l'imagination de nos petits écoliers, et donnons-leur, même à ceux, surtout à ceux qui ne posséderont rien, la jouissance inestimable de la terre et du ciel de leur pays.

RÉDACTIONS FRANÇAISES

LA rédaction française est l'exercice le plus important de l'école primaire. Les instructions officielles le marquent assez, qui réservent aux rédactions seules une correction particulière faite par le maître hors de la classe, avant le compte rendu collectif qu'il en apporte à tous.

C'est qu'il n'est point d'exercice pour exciter davantage la personnalité enfantine et permettre de la mieux contrôler. Il entraîne l'enfant à sentir et à penser, lui ouvre les yeux sur la nature et la vie, sollicite son imagination, l'oblige à dégager ses émotions et ses idées, à les classer, à les exprimer sous une forme cohérente et correcte. Et le maître, en lisant ces copies après la classe, dans le calme de la grande salle désertée ou dans l'intimité recueillie de sa chambre d'études, doit voir en elles le reflet d'âmes et d'intelligences d'enfants, en route vers la clarté, vers l'ordre, et prenant peu à peu une conscience enrichie d'elles-mêmes.

Mais en est-il toujours ainsi? Au lieu de cultiver la sensibilité et l'intelligence, la rédaction ne déclanche-t-elle pas, trop souvent, que de la mémoire, et loin de solliciter l'activité originale de l'enfant, ne l'entretient-elle pas dans la fadeur insincère des idées toutes faites et des clichés?

Il est des exceptions rafraîchissantes; mais d'ordinaire, tous ces devoirs que vous corrigez se ressemblent. Les mêmes banalités y reviennent, sans autre variété que leur classement plus ou moins logique. Les phrases, sans franchise dans l'allure, s'essaient gauchement aux mêmes ronrons. Saupoudrant le tout, des fautes d'orthographe; car il est bien entendu, n'est-ce pas, dans le petit monde des écoliers, que l'orthographe, c'est bon pour la dictée, et qu'ailleurs elle est un luxe inutile : ne voyons-nous pas, même aux examens du brevet, des candidats saboter intrépidement, quand ils répondent aux questions sur le texte, des mots qu'ils viennent d'écrire correctement dans leur dictée?...

Et vous vous attristez de ces piètres résultats : « Nous avons cependant soigneusement procédé à la recherche des idées, à la confection du plan, esquissé même le développement. » Justement, n'avez-vous pas trop guidé? Ce plan trop strictement agencé limite, emprisonne. Vous imposez à tous les idées de tous : prenez garde qu'à chacun de vos élèves, pris individuellement, elles sont pour la plupart étrangères. Leur personnalité peut-elle alors se manifester à rendre des idées impersonnelles? Ils tâchent de se les rappeler, c'est la grande affaire; et ils ne peuvent songer en même temps à les classer : ne vous étonnez donc pas de ne pas retrouver le plan, si soigneusement bâti. Ajoutez à cela que, dans beaucoup de classes, on ignore le brouillon sur la copie ou l'ardoise ; tout de suite ou couche le devoir français sur le cahier-journal : ces écrivains se satisfont du premier jet! Et la correction — puisqu'on a tout trouvé au préalable, dans le détail, idées et plan — consiste, la plupart du temps, dans des remarques formelles ; le compte rendu est surtout celui des fautes d'orthographe et de français.

Mais on se récrie : Comment faire?... Nos élèves n'ont pas d'idées!...

Je comprends. Si vous les invitez, madame, ces philosophes, ces psychologues de onze ans, à développer cette maxime romantique et macabre : « L'envie est comme un ver qui ronge le cœur », vous avez raison, vos élèves n'ont pas d'idées. Si vous, mon cher maître, les conviez à faire leur petit Franklin sur « l'économie et ses avantages », il est bien sûr qu'ils ne trouveront pas sans vous la nourriture abstraite de cette dissertation. Alors, oui, la recherche de toutes les idées et leur mastication préalable est obligatoire ; il faut agencer le plan comme une mécanique. Mais vous avez vu les résultats : ni logique, ni style ; ne parlons pas de personnalité....

Ce sont donc les sujets qui sont mauvais. Proverbes, maximes, sentences, ne pourrions-nous biffer de nos classes primaires toute cette économie politique, cette philosophie au rabais, mais philosophie et abstraction tout de même, et que nos enfants ne peuvent ni absorber ni rendre? D'où vient la méprise? De ce que ces élèves du cours moyen, du cours supérieur, ce sont « les grands » de l'école primaire?... Mais ces grands ont douze, onze, dix ans; ce sont « des petits ».... Je reste encore étonné, pour ma part, devant ces sujets que, professeur, je n'ai jamais osé donner à mes lycéens de quinze ans.

Nos élèves ne sont pas à l'âge de la raison abstraite. Ce qui vit en eux, ce sont les facultés sensibles. Les sens, l'imagination, le sentiment, voilà les pourvoyeurs de leurs « idées », de leurs images. Offrons-leur donc des sujets simples, où ils puissent observer et sentir.

Au premier rang, je recommanderais les descriptions de choses vues, les petites « études » faites sur nature, puis les courtes narrations, où l'histoire se passe dans des décors localisés; on la terminera, si on y tient, par une réflexion morale, admissible après qu'elle aura été illustrée, vécue par l'anecdote. Avec ces sujets, sur lesquels l'enfant doit avoir ou peut trouver, rien qu'en ouvrant les yeux, des idées et des sensations, la préparation n'emprisonne plus; elle guide les activités neuves. Elle consiste à faire trouver des chefs de développement, à faire reconnaître les directions maîtresses.

Voici un joli sujet, que j'ai eu grand plaisir à trouver, cet hiver, dans une école de filles : LA PREMIÈRE NEIGE. *Pendant la nuit la neige a tombé.*

Quelles ont été vos impressions au réveil? — Cela fera le premier paragraphe. Ici, la maîtresse interroge : « Où l'avez-vous vue, Marie?.... Et vous, Rose?... — Moi, c'est par la fenêtre.... Moi, c'est au jardin.... » — Toutes les indications se succèdent. — Eh bien! vous me direz chacune ce que, chacune, vous avez vu. » Ainsi la préparation est suggestive, elle suscite les sincérités individuelles. Mais continuons : « En venant en classe, avez-vous toujours vu la neige?... Mais où, vous, l'avez-vous vue?... — Dans la rue.... Dans la ruelle.... Sur les toits.... Sur les trottoirs.... — Et vous, qui venez du hameau?... — Sur les champs, sur les arbres.... — Vous me direz donc, mais seulement d'après ce que vous avez vu vous-mêmes, 2° *l'aspect que la neige donne à la nature et aux choses....* — Et 3° enfin : *Aimez-vous la neige?...* — Oh oui! madame.... — Pourquoi? — Parce qu'elle est blanche.... qu'elle est jolie... parce qu'on fera un bonhomme de neige.... — Alors, au travail, mes enfants! »

N'a-t-on pas recherché les idées, bâti le plan? Mais on a, aussi bien, stimulé des personnalités libres.

Et l'enfant, sur ces sujets, — « simples, connus », disent les programmes, — à des idées, des sensations, à qui vous aurez simplement donné un frémissant éveil. Et vous serez étonnés parfois de ses trouvailles. A condition encore qu'on le dégoûte des clichés et du « beau style » et qu'on l'encourage à l'expression franche et directe, qu'on lui biffe les « prés émaillés de fleurs » et qu'on lui donne l'audace d'y mettre « des coucous ». Tenez, voici une phrase d'une petite fille de douze ans, qui avait observé, dans son jardin, cette première neige : « Les petites herbes, trop frêles pour supporter ce fardeau, laissent voir leurs pointes vertes au-dessus de cette blancheur ravissante ». N'est-ce pas ravissant aussi de vérité fraîche?...

Après cela, le compte rendu de la rédaction française, ravivé, devient un bon et intéressant instrument de culture. On ne remâche plus à vide; mais on montre à l'enfant la route qu'il aurait dû suivre dans l'agencement de ses idées; on lui fait trouver, sur ses propres modèles, des détails qu'il n'avait pas su voir; on loue et on cite une expression heureuse, un passage alerte; — on enrichit ses sens et sa langue.

... Mais ne vous trompez pas, madame, sur la sensibilité enfantine. C'est la vieille rédaction géographique, que vous avez voulu rajeunir? « Quel est le fleuve de France que vous *aimez* le mieux? » Et une fillette écrit qu'elle « aime mieux le Rhône, *parce qu'il* prend sa source au mont Saint-Gothard.... » O mystères des cœurs de petites filles!...

LA PERSONNALITÉ ENFANTINE

On ne saurait trop définir ; je m'en aperçois à lire, parmi de gracieuses approbations, une lettre, dont j'apprécie d'ailleurs la franchise « inspirée par un vif amour des choses de l'école », où un maître se récrie sur le but que j'aurais assigné à l'enseignement de la rédaction française. « Est-il possible de demander de la personnalité à un élève d'école primaire, eût-il treize ans? Et l'originalité dans l'expression, est-elle bien son fait? Sans doute, on trouve, dans certains devoirs d'enfants, des mots, des tournures rafraîchissantes. Mais sont-elles voulues?... » Et l'on me rappelle aux réalités : « Il ne s'agit pas de susciter, parmi nos élèves, des vocations littéraires.... Ne l'oublions pas : l'école doit préparer, dans la mesure de ses forces, à la vie.... »

Croyez que je serais très marri de mon peu de mémoire. Mais mon correspondant, qui me signale cette « grave contradiction », est-il sûr de ne s'être point mépris? N'aurait-il pas entendu, et restreint, en « littérateur », ce que je comprenais en pédagogue? J'avais multiplié pourtant les synonymes : guider les activités neuves, susciter les sincérités individuelles, stimuler des personnalités libres. C'est qu'il s'agit en effet, non de littérature, mais d'éducation.

Je ne prétends pas que l'école primaire forme des écrivains et des poètes. Son but est de préparer des hommes libres, des « personnes », qui ne se contentent pas d'un piétinement anonyme dans un troupeau, mais qui aient la conscience d'une vie et d'une activité propres, si modestes soient-elles, dans le travail universel. Et c'est pourquoi j'ai conseillé : faites de la rédaction française une excitatrice de la personnalité; traduisez : de l'activité et de la sincérité enfantines. Proposez à vos élèves, qui sont à l'âge de la sensation et de l'émotion, des sujets accessibles à leurs sens et à leur âme, afin qu'ils les exercent et déploient; qu'ils prennent l'habitude de l'observation directe, et d'exprimer franchement ce qu'ils auront vu et senti franchement; qu'ils fassent, par la rédaction française, leur apprentissage de personnalité, de liberté.

Maintenant, ne nous y trompons pas, il se peut que cette personnalité, cette originalité enfantine ne produise rien — littérairement parlant — que de banal. Que nous importe, si cette banalité a été trouvée par l'enfant, si elle est l'effet de sa recherche, de son activité à lui?... Ce que je veux, c'est que ce soit lui qui la trouve.... D'ailleurs, elle est neuve pour lui.

La rédaction française n'est donc, parmi les autres exercices de l'école vivante, qu'un instrument de l'éducation libérale. Elle se propose le développement et l'enrichissement de la personne humaine. Mais cette personne est au stage délicat de l'enfance. Pour qu'elle s'y développe, il faut, encore une fois, lui choisir sa nourriture, et, dans l'espèce, offrir à l'enfant des sujets où il puisse être — non comme littérateur, mais comme enfant — actif, vrai, original.

Et je maintiens, après cela, qu'on sera parfois étonné de ses trouvailles. « Mais sont-elles voulues? » demande mon correspondant. — Non! grands dieux! non. Je demeurerais stupide devant le petit prodige qui, sur les bancs de l'école primaire, chercherait la tournure rare et raffinerait sur le style. Je parlais de l'expression naïve, sortie *naturellement* d'une observation sincère. L'une et l'autre dépendront de la qualité des tempéraments, des caractères. Et nous y pourrons encore trouver quelque indice pour accommoder à nos élèves les modes de l'enseignement et de l'éducation.

Cela suppose évidemment, avec l'habitude de l'observation, quelque fonds de vocabulaire. Mais aussi la rédaction française n'est à sa place qu'au cours moyen, plutôt à la fin qu'au début; et elle est précédée de plusieurs années d'études préparatoires, qu'on a dû remplir d'exercices sur des choses concrètes et présentes, qu'on voit, qu'on touche, qu'on flaire, parmi lesquelles on se meut, en les nommant.

La rédaction française est ainsi comme la fleur de tous les exercices de l'école vivante; et dès la classe enfantine, on peut dire que sa floraison est préparée. Tenez : voici une jardinière de cinq ans et demi, passionnée pour le petit carré de terre qui lui est livré à l'école. Eh bien, elle y a appris, *par la pratique*, que *planter* n'est pas *semer* : « Planter, c'est avec des racines et de la terre au bout.... Semer, c'est quand on met une petite graine. » Combien de grandes personnes les emploient, sans penser, comme synonymes?... L'autre jour, elle a aquarellé, d'après nature, un coucou. C'était attendrissant de gaucherie; mais c'était bien une ombelle jaune qu'elle avait voulu mettre au bout de la hampe verte.... Tout cela, plus tard, fera du français sincère. J'irai jusqu'à dire que le français ne se fera que comme cela, par le contact, par l'apprentissage mêlé des choses et des mots.

Et puis je voudrais, voyez-vous, qu'un paysan ne fût pas seulement quelqu'un qui fouille la terre, sans yeux pour la couleur de son champ, pour les lignes de son horizon, pour les nuances des saisons qui passent; je voudrais qu'un ouvrier, habile à vaincre la matière, ne lui fût point en même temps asservi, mais qu'il sût encore goûter, jusque dans un square de ville, la fleur d'une pelouse, l'inflexion d'une statue, le port d'un arbre sur le ciel. Ne sont-ce pas là nos joies les plus délicates? Pourquoi nous les réserver?

La préparation à la vie? Oui, mais à toute la vie, celle de l'âme comme celle des besoins matériels. C'est toujours dans les champs de leur pays que je rêve que les enfants du peuple moissonnent le pain et vendangent le vin de l'âme. Mais pour qu'ils cueillent autour d'eux la beauté quotidienne, il faut que, dès l'école, on leur apprenne qu'elle est là, qu'on les exerce à la découvrir, directement, sincèrement, qu'on les amène à prendre à la fois conscience d'elle et d'eux-mêmes.

COMMÉMORATIONS

J'AI trouvé, dans certaines écoles, l'habitude de l'éphéméride. En tête du tableau noir, une brève mention rappelle que, dans ce mois et à ce jour, il y a tant d'années, s'est passé un événement qui a marqué dans l'histoire de notre pays ou du monde. En quelques endroits, les élèves transcrivent cette éphéméride sur leurs cahiers, comme en exergue aux travaux du jour.

Je n'ai constaté nulle part encore que cette habitude intéressât la vie de la classe. Elle semble le rite machinal d'une religion perdue. Le maître a cueilli l'éphéméride au bas du calendrier qu'il effeuille, et l'a transcrite, sans plus y penser. Au début de la classe, il a fait vers le tableau un geste vague; et les enfants, sans y penser davantage, ont copié sagement : « 28 mai 1648. — Condé s'empare de vive force de la ville d'Ypres (Flandre autrichienne). »... Flandre autrichienne?... Ah! très bien !... Et que voulez-vous que cela fasse à vos petits campagnards?... Et à vous-même, mon cher maître, qui vous gardez bien, j'espère, de vous perdre dans ces détails, quand vous enseignez l'histoire?...

Quel avantage, je le demande, trouve-t-on à ce geste de routine, à ce « petit bonjour » désinvolte au passé ? Comme moyen de mnémotechnie, la valeur de l'éphéméride me paraît nulle. Quelle trace cette mention isolée, « éphémère », peut-elle laisser dans la mémoire enfantine ? Elle ne vaut que si le maître la commente, que si elle parle à l'imagination de l'enfant, si elle émeut sa volonté et son cœur.

« Mais le commentaire prendra du temps. Il fera double emploi avec la leçon d'histoire. Il déroutera même parfois mes élèves, rejetés d'une époque à l'autre, suivant les hasards du calendrier. Et puis, je ne me vois pas bien commentant la prise d'Ypres.... »

Je suis de votre avis. Les honneurs de l'éphéméride, comme vous la comprenez, devraient donc être réservés aux hommes et aux faits d'importance, à ceux qui symbolisent une époque ou marquent une étape dans l'histoire de notre pays ou du progrès humain. Leur rappel aurait chance de renouveler et d'accentuer l'impression que l'on reçut d'eux, au cours des leçons d'histoire.

Mais — je vais vous étonner peut-être — pour moi, en ce moment, au début de la classe, il ne s'agit pas d'histoire, mais d'éducation, d'impression, de suggestion morale. Et je préférerais à ce nom savant, un peu prétentieux, d'éphéméride, un autre, qui dit les fidélités et les émotions du souvenir : celui de *commémoration*.

Oui, je commémorerais les grands hommes et les grandes choses de France. Je serais difficile sur leur choix : il ne faut pas galvauder la sensibilité enfantine, ni la blaser. Une fois par semaine, tout au plus, j'évoquerais une grande chose ou un beau nom : je tâcherais de jalonner la route de la patrie poursuivant ses destins, du peuple conquérant ses droits; je dénombrerais les victoires de la science. « Il y a tant d'années, *aujourd'hui...* » : cet « aujourd'hui » nous ouvrirait l'imagination de nos élèves, encore peu embarrassée du temps; il rendrait à l'histoire sa fraîcheur, son attrait, et sa force d'exemple à l'héroïsme. Je ne cite pas; la liste, heureusement, n'est jamais close : n'est-ce pas hier que l'aéroplane de Blériot prenait, au-dessus des flots, possession du ciel? Mais le maître devrait réveiller ainsi, à leurs dates, les souvenirs et les modèles, cultiver dans les jeunes âmes les facultés d'émotion et d'admiration, piquer l'enfant d'une émulation généreuse, et lui donner enfin le sentiment, ou le frisson, de cette solidarité des générations, qui n'est pour lui qu'une formule insolite et vide. Et cela — n'est-ce pas? — pourrait compter à l'horaire pour une leçon de morale....

Mais je ne me restreindrais pas aux grands noms et aux grandes choses dont toutes les écoles devraient commenter l'éphéméride; j'en voudrais aussi l'honneur pour les faits et les gens de mon petit pays. Et peut-être parleraient-ils plus intimement à mes enfants, les feraient-ils vibrer plus profondément que tous les autres.

Comment! J'aurais là, dans les archives communales, l'histoire de leurs ancêtres, les « gestes » de leurs pères, et je n'essaierais pas de les en toucher? J'emprunte donc à mes documents la rédaction de mon éphéméride; et mes élèves en rentrant, lisent, par exemple, au tableau noir : « *Aujourd'hui, 7 mars 1789*, le tiers état de la communauté du bourg de Saint-U.... est convoqué, au son de la cloche, pour formuler ses doléances ». — C'est de l'histoire? — Sans doute. — De l'histoire locale? — Évidemment, et tant mieux. Mais de la morale aussi, et de la meilleure, et de la plus fière. Nous écoutons les plaintes des ancêtres, nous les exprimons avec eux, nous leur vouons pour le progrès qu'ils nous ont conquis une pieuse gratitude....

Voici maintenant la commémoration complète, et telle qu'un maître l'a vraiment célébrée. Simplement, au cours d'une classe-promenade, il a mené ses élèves sur l'emplacement de l'ancien château féodal, et là, il leur a lu la charte d'affranchissement de la commune.... Pour l'imagination, quelle résurrection! Pour les âmes, quel rappel!...

Et voilà aussi — n'en déplaise à nos dévots critiques — de quoi varier nos « prières du matin ».

SOUS LES ARMES

Vous m'excuserez, amis lecteurs, de ne pas causer longuement avec vous cette semaine. La « toge » des vieilles métaphores classiques, pour dix jours, cède aux armes; et je me croirais guerrier pour de bon, si certains, qui coiffent du képi de territorial un front pédagogique, ne me rappelaient mon dualisme en hésitant parfois entre « Monsieur l'Inspecteur » et « mon lieutenant »...

Ceci n'est donc qu'un geste de souvenir. Je reste d'ailleurs assez de notre métier pour garder, même en ces circonstances et dans cet appareil, le « centre d'intérêt »; et je ne pécherai pas non plus contre la couleur locale, si je demande à un colonel de l'armée française de témoigner aujourd'hui à l'honneur de notre école vivante, dignement représentée au régiment par ses maîtres.

Et cependant!... N'est-il pas entendu, dans un certain monde, que le jeune instituteur arrive à la caserne bouffi d'intellectualisme, dédaigneux des besognes militaires, et prêt à tenter, auprès de ses camarades de chambrée, une sournoise désagrégation, disons pour être modernes : le sabotage de l'instinct patriotique? Comment pourrait-il en être autrement, au sortir de ces instituts de perversion du sens national que sont les écoles normales?... Cela se dépose dans les colonnes de certains journaux, dans des récits saugrenus où l'on donne à l'instituteur un rôle odieux ou grotesque, voire au détour d'une page de roman dans de graves revues.

Voici un document d'un autre style. C'est une lettre que le colonel d'un régiment de l'Est me fit, il y a quelques mois, l'honneur de m'adresser :

Monsieur l'Inspecteur d'Académie,

J'ai l'honneur et l'agréable devoir de signaler à votre attention les sous-lieutenants de réserve A... et B..., qui viennent d'exercer six mois de commandement au ...ᵉ d'infanterie. Tous deux ont fait preuve d'un excellent esprit et d'aptitudes militaires très appréciées par les officiers sous les ordres desquels ils ont servi.

Le sous-lieutenant A..., en particulier, a montré des qualités supérieures, une intelligence très ouverte, un esprit désireux d'approfondir les questions et de ne rien laisser imparfait. J'ajoute que son caractère et son attitude lui ont valu sur la troupe une autorité que possèdent rarement les officiers de son âge.

Je serai heureux si ce témoignage d'estime et d'entière satisfaction peut être un appoint utile dans la carrière que ces jeunes gens vont reprendre, après avoir accompli leur service militaire.

Je m'en voudrais de commenter cet éloge, si plein dans sa sobriété forte, de jeunes maîtres qui ont repris leur place dans nos rangs. L'éducation nationale complète du peuple de France reste

on bonnes mains. Et qui pourrait, mieux que l'instituteur laïque, préparer les fils d'une démocratie au
devoir militaire, qui n'est qu'une des faces du
devoir civique? Qui pourrait, mieux que lui, qui
unit dans un même culte la patrie française et la loi
républicaine, inspirer aux adolescents le serment
de l'éphébie antique :

Je jure de ne jamais déshonorer ces armes sacrées,
de ne jamais abandonner ma place dans la bataille. Je
combattrai pour mes dieux et mon foyer, ou seul ou
avec tous.... Je serai soumis aux lois, à celles qui sont
maintenant en vigueur et à celles que le peuple établira.
Si quelqu'un veut renverser ces lois ou leur désobéir, je
ne le souffrirai pas, mais je combattrai pour elles, ou
seul ou avec tous.

Mais c'est peut-être aussi, ce patriotisme civique,
ce que, dans certain monde, on ne nous pardonne
pas.

ÉCOLES ET CLOCHERS

Lettre ouverte à Maurice Barrès.

JE ne sais si je puis vous écrire. Je suis chef d' « Aliborons », « Aliboron » moi-même : une pieuse feuille ne m'a-t-elle pas traité de « sous-primaire » et de... j'en frémis... « dolichocéphale »? Ce sont là gentillesses courantes; et leurs pauvres auteurs croient procéder de vous!...

Permettez-moi cependant de joindre mon modeste applaudissement à ceux qui accueillaient la semaine dernière, à la Chambre[1], votre vibrant plaidoyer pour la conservation des vieilles églises de France. Je ne vous étonnerai pas en ajoutant que je me restreins aussi aux conclusions du discours « grave, généreux », comme vous l'avez dit, de M. Marcel Sembat. Mais ce n'est point mon opinion qui importe; et je viens simplement vous prier de vouloir bien considérer ce que peuvent faire et ce que font les « Aliborons », pour les églises françaises.

Vous avez, dans les villes, des académies, des

1. Séance du 25 novembre 1912,

sociétés archéologiques, des savants, des artistes. Dans les communes rurales, vous avez le curé parfois, — s'il ne borne pas son idéal à la statuaire saint-sulpicienne, dont on souffre l'admission jusqu'en d'antiques et nobles collégiales, — vous avez l'instituteur. Vous devez l'avoir avec vous, s'il perpétue par l'école son influence sur les générations du village, sensibles par lui ou insensibles à la beauté d'un clocher aspirant au ciel, sensibles ou insensibles aux souvenirs qui flottent autour des vieilles pierres; vous devez l'avoir avec vous encore, s'il peut, secrétaire de mairie, conseiller de la municipalité, incliner l'assemblée communale au respect, à la conservation, à la restitution des monuments, des reliques du passé.

Ne vous a-t-on pas dit le renouveau des études d'histoire régionale et locale dans nos écoles primaires? Nos instituteurs vivifient l'histoire de France par celle de la région, du petit pays, avec ses métiers, ses arts, et tout ce qui a caractérisé sur leur coin de terre la vie des ancêtres, qui a contribué à former lentement la physionomie de la race. Ils sortent de leurs écoles, et là où persistent de vieilles maisons, un vieux château, des restes de remparts, une vieille église, ils mènent leurs élèves, et font, devant leurs témoins, le commentaire des siècles.

A l'école normale, ne s'efforce-t-on pas de préparer les futurs maîtres à cette intelligente et pieuse exégèse? Voulez-vous m'excuser de prendre autour de moi des témoignages? Il y a deux ans, l'archiviste départemental nous accordait sa précieuse collaboration et faisait à nos élèves-maîtres trois conférences d'une érudition suggestive sur l'historiographie haut-marnaise; et le *Bulletin de l'Instruction primaire* portait à la connaissance des instituteurs et des institutrices le catalogue raisonné des sources imprimées et manuscrites de l'histoire de notre département. Ce catalogue était suivi d'un plan-type de monographie communale. Voudriez-vous lire ce sommaire du chapitre réservé à l'*histoire religieuse*? « Circonscriptions ecclésiastiques : évêché, archidiaconé, doyenné. — Abbaye ou prieuré : leurs biens. — Fondation de la paroisse : saints patrons; chapelles fondées dans l'église.... Commanderies et hôpitaux.... Chapelles d'écart.... » Voyez maintenant ce chapitre des *Monuments* : « Le château. — L'église, les cloches, tombes, vitraux. — Anciennes croix, vieilles statues, inscriptions, maisons anciennes. »

Cette année, nos élèves-maîtres se sont vivement intéressés à une conférence consacrée aux monuments de l'architecture romane en Haute-Marne. Nous avons à Vignory une des plus vieilles églises de France, un des premiers monuments champenois de ce majestueux style roman : nous nous promettons d'y mener nos normaliens vivre une admirable leçon d'art et d'histoire.

Pouviez-vous penser que nos élèves-maîtres aiment le passé de leur petit pays jusqu'à lui donner les loisirs de leur troisième année d'études? Vous avez entendu les dédains qu'on accorde à cette

année d'études plus désintéressées, auxquelles rien
ne préparerait nos élèves-maîtres, et où ils achè-
veraient de prendre le niais orgueil des demi-
savants et, pour tout dire, des « primaires ».
Savez-vous que plusieurs ont choisi, pour sujet
de leur mémoire au certificat de fin d'études normales, la monographie de leur commune haut-
marnaise?

Bien plus, les instituteurs et institutrices en
exercice, dépositaires en beaucoup d'endroits des
archives communales, se sont mis, eux aussi, à
l'œuvre, ou plutôt ils ont continué, avec plus de
sûreté, leur modeste et fière besogne. Je sais plus
de cent monographies ou travaux d'histoire locale
achevés ou sur le chantier dans nos maisons
d'école haut-marnaises. Et vous serez sans douté
touché de ces efforts, si vous voulez bien penser
que ces recherches et ces travaux sont poursuivis
après de lourdes journées de classe, et que c'est
à l'histoire vivante de la France que ces maîtres
calomniés de la jeunesse française consacrent et
enchantent leur repos.

Ils sont cinq cents instituteurs et institutrices,
membres actifs, cotisants, de notre section des
Études locales dans l'enseignement public. Ils
avaient, trois jours après votre discours, leur
assemblée générale, et plus de cent assistaient, le
soir, avec nos normaliens, à une conférence de
M. Tillet, architecte en chef des monuments historiques, sur les monuments haut-marnais du moyen
âge et de la Renaissance.

Croyez donc qu'ils sont capables d'évoquer à leurs enfants les « gestes » de leurs pères, artisans, paysans, ouvriers, dans les décors traditionnels de ces « gestes ». Ils ont l'esprit assez libre, le cœur assez haut, le culte de la vérité assez serein, l'amour de la beauté assez pur pour les expliquer tous et toutes. Mais n'aimeriez-vous pas qu'entrant, pour l'expliquer, dans la vieille église, ils ne soient pas exposés, eux et leurs élèves, à lire, sur le pilier roman ou gothique, des listes de proscription et des anathèmes?...

Je voulais dire simplement que ceux qui les connaissent comptent, pour la garde et l'intelligence des *beautés*, de *toutes les beautés françaises*, sur les « Aliborons » — non! n'est-ce pas? — sur les instituteurs primaires des communes de France.

... *IN CORPORE SANO*

Je regarde des fillettes écrire, au cours moyen.
— « C'est joli, des rangées de fillettes qui écrivent.... Des cols penchés, des cheveux ondoyant
sur des nuques graciles, avec la note fraîche d'un
ruban.... » — Mais les institutrices savent que les
rubans sont parfois d'une fraîcheur douteuse, et
leur préfèrent l'honnête lacet, qui fait sans prétention son office de serrer la première natte.
Les cous penchés n'ont pas tous la netteté dési-
rable. « Vous êtes-vous bien lavée, ce matin?... »
Je n'insiste pas; la fillette, à qui je demande
cela tout bas, a tout de suite une larme qui
perle, cependant que, plus bas encore, elle me dit
« oui »....

Mais que c'est attristant, plutôt, ces rangées de
fillettes qui écrivent! Les poitrines s'écrasent; elles
s'étriquent entre le coude gauche avancé sur la
table et le coude droit collé au corps. Vus de dos
surtout, ces minces corps de fillettes font peine.
Comme elles sont mal assises, tout affaissées sur
le côté gauche, les genoux croisés, ou les jambes
repliées sous le banc! Entre l'épaule remontée et

l'assiette mal prise, la colonne vertébrale s'infléchit....

« Voyons, mes petites filles, vous écrivez très mal!... Je n'ai pas besoin de voir vos cahiers.... Comment vous tenez-vous donc?... Redressez-vous.... Asseyez-vous bien d'aplomb.... Allongez les jambes.... Et ne vous écrasez pas sur la table.... » On le leur a dit, certainement, mais probablement aussi sans insistance, sans conviction, comme on expose une théorie rabâchée, dont on n'entend plus que les mots, alors qu'il faudrait en imposer la pratique par une vigilance constante. Ce n'est plus même un rite pour la leçon d'écriture. Et pourtant, ne pensez-vous pas que tout exercice écrit devrait commencer correctement, comme une leçon de gymnastique, par la prise de « l'attitude de départ »?

Prenez vos élèves par la coquetterie : « Vous serez jolies, plus tard, avec un dos rond, ou une épaule remontée! » Elles ont souri, mais elles s'en souviendront.... Prenez-les par l'intérêt : je ne sais pas si elles m'ont cru tout à fait, mais leur appréhension n'était pas feinte — vous l'avez vu, madame — quand je leur ai annoncé que je donnerais des instructions pour qu'au certificat d'études M. l'Inspecteur primaire observe leur attitude pendant l'épreuve d'écriture, et qu'on les noterait sur elle autant que sur la valeur de la page écrite.... Prenez-les par la suggestion morale. Ne serait-il pas possible à une institutrice de dire à ses fillettes, avec l'accent simple et grave qu'il faut, qu'elles seront plus tard des mamans, et qu'elles ont des devoirs envers leur corps qui portera la race? Si de fausses pudeurs s'y opposent encore, je ne vous dis pas de les effaroucher — je sais quelles « histoires » parfois vous menacent; mais encore une fois, imposez inlassablement, avec ces préoccupations qui doivent hanter toute éducatrice, les pratiques qui sauvegardent le corps de l'enfant. L'école vivante ne doit pas faire d'infirmes. Et ces enfants sont à l'âge de la formation.... Et ce sont les futures mères..., des mères de familles populaires, qui auront besoin d'être solides....

J'ai prononcé tout à l'heure le mot de gymnastique. Je mettrais la chose après une séance chargée d'exercices écrits. Quelque attention que le maître donne à la correction de l'attitude, il n'empêchera pas, dans un groupe où l'attention se fragmente, que bien des poses vicieuses ne soient prises et gardées plus ou moins longtemps. Ne serait-il pas bon alors que quelques mouvements de gymnastique les corrigent : mouvements simples de la tête, des jambes, des bras, exercices d'extension dorsale?...

Mais qu'ai-je dit? N'y a-t-il pas là, si simple ce soit-il, de quoi étonner des générations d'institutrices françaises? J'étais l'autre jour dans une importante école : excellente directrice, adjointes dévouées. Mais j'interroge.... « De la gymnastique?... Non, monsieur l'Inspecteur », dit la directrice. « De la gymnastique?... » hésitent les adjointes. Si pourtant, ayons le plaisir d'être exact : l'une d'elles fait exécuter quelques mouvements de bras à ses petites filles, qui semblent s'y amuser fort. Mais que je préférerais, non pas le sérieux compassé, mais la gentillesse aisée, qui indiquerait un exercice plus habituel! D'ailleurs, ce ne sont que des indications de gestes, sans précision volontaire ni vertu.

Et pourtant, comme on dit, ce ne serait pas du luxe. Car, ne sentez-vous pas cet air qui s'alourdit dans votre classe, où ces enfants n'ont peut-être pas tous non plus des dessous irréprochables?... — Oh si! monsieur l'Inspecteur ; nous sommes obligées souvent d'ouvrir les vasistas. — Vos fillettes s'intoxiquent donc lentement depuis cinq quarts d'heure. Leurs petites poitrines aspirent de l'air malsain. Ne pensez-vous pas qu'il est nécessaire que leurs poumons se vident à fond et boivent comme un contre-poison d'air pur?... Allons donc dans la cour, et faites que vos fillettes s'appliquent, régulièrement, à quelques mouvements respiratoires. Ce serait une hérésie que de les faire dans le renfermé de l'école.... Non, cela ne compte pas sur la récréation. C'est la partie de l'horaire la plus sûrement employée de votre journée d'école. Et puis, lâchez-les, et qu'elles jouent tout leur temps.

Ailleurs, pendant la récréation, je cause avec l'institutrice. J'ai vu quelques mines chiffonnées, des tours d'yeux bleuis. « Savez-vous ce que mangent vos fillettes? » La maîtresse n'est pas très précise, mais elle m'apprend que, dans ce village agricole, ce sont les fillettes, la plupart du temps, qui sont chargées, après la classe, de préparer le repas de la famille. — Raison de plus, madame, pour leur donner quelques conseils d'hygiène alimentaire, et leur apprendre quelques recettes de cuisine simple, dont elles profiteront les premières.... Ne verrai-je donc pas un jour une école primaire de filles où l'on mette une table, où l'on prépare, au vrai, un potage?

Vous souriez; mais c'est que cela va plus loin qu'on ne croit. Pour que l'homme, le mari, le père, rentre au foyer après le travail, et y reste, ne faut-il pas que le foyer attire et retienne? Et nierez-vous qu'une maison nette et gaie, une cuisine appétissante et saine importent à la santé morale de la famille populaire, je dirais presque, la conditionnent?

Apprenons-donc à nos petites filles la science la plus utile, celle du ménage.

Vraiment, traînerons-nous longtemps en France cet étrange dédain de tout ce qui regarde la culture corporelle? Oh! je sais que nous devenons « sportifs », mais notre vie profonde n'en est pas encore changée. La culture corporelle intéresse pourtant celle de l'intelligence, et il n'est pas un candidat au C. A. P. qui ne sache l'adage latin et ne puisse citer congrûment un aphorisme de Spencer.... Mais ce n'est pas assez de notre hérédité d'intellectualisme; nous sommes encore dupes, en éducation, de la dignité apparente des mots. Morale?

Tout le monde s'incline. Hygiène, gymnastique, enseignement ménager? Nous avons le certificat d'études qui nous presse.... Nous n'y prêterons décidément attention que lorsqu'on les aura mis, bien officiellement, à leur place : *dans la morale.*

L'ÉCOLE POUR LE FOYER

JE rends aujourd'hui aux institutrices ce que j'en ai reçu. J'avais souhaité — vous en souvenez-vous? — de trouver parfois la table mise à l'école; et, coup sur coup, des Ardennes, du Haut-Rhin, de l'Aube, du Var, des lettres m'arrivent, d'une jolie confiance, dont une, sans date ni signature, est particulièrement touchante, et qui disent la joie de l'encouragement, content des expériences, des projets.

« Et moi aussi, je suis ménagère! » Voilà un cri de femme, beau comme un cri d'artiste; et c'est un cri d'artiste aussi. La vie de famille est à organiser et à réussir, tous les jours, comme une œuvre d'art. L'institutrice s'honore, qui a le souci lucide, et le goût, féminin, maternel, de la préparer.

Il se trouve d'ailleurs que je n'ai pas eu de chance, et que j'aurais pu, dans mes visites d'écoles haut-marnaises, tomber sur la confection de quelque plat simple, ou d'une pâtisserie, ou d'une conserve de légumes, voire d'une infusion avec les plantes reconnues et recueillies en classe-promenade. J'ai de ces heureux pointages, en parcourant les feuilles d'enquête qui me parviennent sur l'enseignement ménager. Tant mieux si nous sommes d'accord avec le sentiment profond des maîtresses et si nous pouvons contribuer à le rendre, chez toutes, conscient et actif!

Car nos traditions livresques sont bien lourdes. Ces tentatives sont éparses, hésitantes, bien qu'elles soient dignes d'être comparées à ces coups de feu isolés des patrouilles de combat, qui précèdent et engagent l'action. (Pardon de cette comparaison belliqueuse! Mais on décidera peut-être, ce soir où j'écris, le service de trois ans; et je pense que les seize instituteurs, dont j'escomptais le retour en octobre, vont rester sous les drapeaux; et que je devrai bien les remplacer par des institutrices.... Soyons donc tous martiaux!) Mais, pour revenir à notre fourneau de cuisine, on a peur de l'allumer à l'école. L'enseignement ménager semble réservé, pour la pratique au moins, presque partout où on l'essaie, encore timidement du reste, aux cours d'adultes. Pour l'introduire dans la classe du jour, des institutrices ont des ruses... dirai-je, et dans le meilleur sens du mot, bien féminines? Elles montrent à leurs fillettes, « à propos des leçons de choses » à préparer une tasse de chocolat, de café, de thé, ou « baptisent économie domestique la confection d'un cataplasme ».

Mais, pour la préparation complète d'un repas, « dans la classe du jour, je n'aurais pas osé », m'écrit une lectrice, qui ajoute — ô responsabilités ! — « Je serai plus hardie maintenant. »

Voici donc, pour celles qui voudraient être « plus hardies », l'essai vraiment intéressant d'une de leurs collègues, qui le poursuit avec foi et succès, depuis novembre.

Tous les samedis, la classe du matin a pour « centre d'intérêt » la préparation d'un repas pour six personnes. Chaque menu comprend un potage, un plat de viande, un plat de légumes et un dessert. Le matériel est simple : une cuisinière « avec un petit corps de fourneau qui rentre dans celui du poêle chargé de chauffer la salle », une table en bois blanc et la vaisselle qu'on descend, quelques minutes avant la classe, de l'appartement de la maîtresse. Une équipe de cinq fillettes est désignée, chaque semaine, pour l'élaboration et la... dégustation de l'œuvre commune. La séance commence par une courte causerie sur le menu : valeur nutritive des aliments, choix de la viande, etc. Puis l'équipe procède à l'épluchage des légumes, à la préparation et à la confection des mets. Toutes les autres élèves suivent attentivement les opérations, dont elles inscrivent le détail et la recette sur un cahier spécial, à la suite du menu du jour. Entre temps, tandis que le potage bout, que le fricot mijote, que le gâteau se dore, on vaque aux exercices ordinaires de la classe : leçons, devoirs, simplement moins nombreux ou plus courts. Comme je la trouve déjà suggestive de saine morale cette union du ménage et de l'école : les plats familiaux, odorant parmi les cahiers et les livres, et les uns et les autres jugés dignes de la même attention et de la même estime!

Quelques minutes avant la sortie de l'école, les plats sont garnis devant toutes les élèves, et laissés sur le fourneau. A onze heures, l'équipe de service reste à l'honneur : je veux dire qu'elle se met à table; et toujours dans la classe, avec la maîtresse d'école devenue maîtresse de maison, les cinq fillettes mangent et apprécient leur œuvre. Le repas fini, le travail encore se partage : enlever la nappe, laver la vaisselle, faire les couteaux, les casseroles. Puis la table est sortie dans la cour, bien frottée; on savonne rapidement les petits torchons du nettoyage. Enfin la cuisinière, bien nette, est recouverte d'un papier et d'un tapis, ornée d'une plante ; et la classe, cuisine et salle à manger, redevient la salle d'études propre et gaie, où maîtresse et élèves se plaisent et travaillent.

Pas besoin, n'est-ce pas, de détailler les gains d'une séance aussi compréhensive? C'est de l'éducation, — de la meilleure, autant que de l'apprentissage, — du plus pratique. S'il vous en fallait une confirmation, ne l'auriez-vous pas dans l'attitude de toute cette classe, suivant, en un calme complet, avec une attention soutenue, ces « expériences » culinaires? On me dit que la désignation du groupe de service est attendue, le vendredi soir, avec une véritable impatience. Comprenons cette manifestation de l'instinct féminin; préparons, à l'école, le foyer de famille.

Dirai-je que la pédagogie n'y perdra rien?

qu'autour de la table commune, dans le délassement du repas amical, les enfants se laisseront lire de plus près par leurs maîtresses? « Mon instruction se fait en même temps que celle des élèves », m'écrit l'institutrice d'une petite école des Ardennes qui, elle, prend pour cette enseignement de la cuisine familiale sur son temps du jeudi. « Je les ai vues à peu près toutes à table, les unes gauches, les autres assez délurées; j'ai compris que ma grande Germaine, si apathique à l'école, n'était qu'une malade, obligée d'interrompre son repas pour respirer; que Louise, malgré ses belles couleurs, n'est qu'en partie responsable de son travail faible.... » N'y a-t-il pas là des observations précieuses, dont les procédés de discipline et d'éducation seront certainement touchés?

Mais la cuisine n'est pas tout dans l'enseignement du ménage. Il y a la couture, le tricot, l'entretien de la maison.... Une institutrice voudrait qu'on enseignât aux élèves des cours moyen et supérieur, en même temps que l'hygiène, des notions de médication familiale, et me demande de signaler les cours normaux organisés à Paris par la Société d'enseignement moderne, et que les provinciales peuvent suivre par correspondance. Voilà qui est fait. Mais comme cela réconforte, de savoir l'institutrice laïque si prompte à l'initiative du dévouement !...

Maintenant, j'attends qu'on pose la question traditionnelle : « Et l'emploi du temps? Et les programmes?... » Si nous sommes « plus hardies », resterons-nous « conformistes »? — Rassurez-vous. Le programme de sciences physiques et naturelles ne prévoit-il pas de nombreuses leçons d'hygiène? Et le programme de travaux manuels, trop peu lu, ne comprend-il pas expressément des « notions d'économie domestique et leur application à la cuisine, au blanchissage, etc. » avec des « exercices pratiques à l'école »? Mais cela conseille tous les essais ; dites, si vous n'avez encore rien essayé, toutes les « audaces »!... Sachons donc fortifier les unes par les autres ces indications officielles. A l'école de filles, l'enseignement des sciences physiques et naturelles devrait être surtout pour donner une base solide, et permettre, ou imposer à l'enseignement de l'hygiène et du ménage un développement méthodique; et l'enseignement ménager — science et art — devrait comprendre tout ce qu'il faudrait que sache et pratique, dans la maison ouvrière ou paysanne, pour qu'on y vive en santé et joie, la maîtresse de maison, la mère de famille.

Nous voulons « régionaliser » l'enseignement, pour le faire plus vivant et plus actif. La « petite patrie » de la femme, c'est d'abord le foyer.

L'ART A L'ÉCOLE

La mode est à « l'art à l'école ». Je veux dire qu'on en parle beaucoup.... Et, malgré les ironies, les scepticismes, les découragements, je suis de cœur avec ceux qui voudraient faire de l'école populaire une maison de clarté et de beauté. N'est-ce point Platon qui disait déjà les rapports étroits de l'art et de la morale, et les transpositions délicates de l'harmonie et du rythme en grâce et en vertu ? Dans une démocratie, où c'est le nombre qui fait la loi, les lettrés, les artistes, l'élite n'est-elle pas aussi la première intéressée à la culture de la foule ? Il n'est donc rien de trop beau pour l'école populaire. Qu'il s'agisse de démocratie ou d'art, le joli mot des Goncourt est profondément vrai : « Il n'y a de bon que les choses exquises ».

Mais comment réaliser la formule à la mode ? Parmi des preuves touchantes de bonne volonté, les maladresses sont nombreuses. Et ce n'est pas tant mon goût qui s'en blesse... car, des goûts et des couleurs..., que mon sens « pédagogique » qui s'étonne et s'inquiète. N'y a-t-il pas

trop de maîtres et de maîtresses qui croient introduire l'art à l'école en pavoisant leurs murs de
cartons et d'images? Plus ils en peuvent exposer,
et plus ils semblent naïvement s'y complaire. Ils
ont l'horreur du vide; la muraille disparaît; à peine
en voit-on un coin poussiéreux à l'angle replié
d'une gravure....

Eh bien, non! ce n'est pas cela.... Et ne vous
récriez pas, mademoiselle, que l'on a négligé votre
éducation esthétique. Rappelez-vous seulement
l'impression que vous avez éprouvée devant un
chef-d'œuvre de la nature ou de l'art humain.
Vous goûtiez, sans l'analyser, la joie de l'harmonie
et de l'ordre; vous vous sentiez devant une chose
en bel équilibre, vous y participiez: et vous com-
preniez que cela était bon autant que beau, à
l'impression de plénitude et d'élargissement qu'il
donnait à votre âme.

C'est cela, cette sensation et cette instigation,
tout à la fois, d'harmonie et d'ordre, que vous
devez ménager à vos élèves, si vous voulez que
« l'art à l'école » soit autre chose qu'une plume
au chapeau, et qu'il affine et qu'il grandisse....

Aussi, que de choses à décrocher au plus
vite!... — Ce bel écorché!... — Eh oui, madame,
cette horreur.... Il étire là, sur fond noir, ses
muscles rouges, ses veines bleues, juste en face de
la porte; et tout à l'heure, en entrant, j'ai eu sa
première grimace.... Vos fillettes, me dites-vous,
ne la voient plus.... Mais alors, pourquoi garder
sur ce mur cet écorché, superbe comme écorché

d'ailleurs, mais qui, d'avoir été trop vu, n'aura plus grand intérêt, le jour de la leçon de sciences?... Et puis, croyez-vous que, pour n'être plus remarquée, sa grimace opère moins? Il en irradie de là laideur dans l'air de votre classe, et vos fillettes la respirent....

Et cette image! cet ivrogne qui s'écroule au ruisseau!... La rue n'offre-t-elle pas trop souvent à nos enfants la « leçon de l'Ilote »?... Craignons l'influence mauvaise des choses brutales. Gageriez-vous que l'effet de votre leçon de morale ne soit pas obscurément détruit, si le regard de l'enfant, levé vers vous, s'accroche à cette scène de dégradation? Et vous vous étonnerez, plus tard, que les murs de la maison ouvrière s'éclaboussent des couleurs criardes de hideuses chromos.... Vous voulez donner à vos élèves le dégoût du vice, et que l'art renforce leur volonté de loger une âme saine dans un beau corps. Mettez à votre mur une reproduction d'une des belles œuvres de la statuaire antique, et montrez, dans l'harmonie simple de ses lignes, l'exemple et la leçon.

Maintenant, enlevez-moi, si vous m'en croyez, ces cartons de collections, ces images didactiques. Ce sont d'excellents éléments d'étude. Serrez-les dans vos armoires, précieusement, et gardez-les, pour le jour de la leçon, avec toute leur intégrité d'intérêt.

— « Mais, au moins, ces cartons ne nuisent pas à l'éducation esthétique et morale de nos élèves? » — J'admets ; et pourtant, dans ces

images sans art, assemblées sans but que de faire des taches sur un mur **trop rempli,** où sont l'harmonie et l'ordre? Ils fatiguent ou **distraient l'esprit** et les yeux. Il suffit, sur un panneau, d'une image mise en bonne place, et à qui le mur blanc fait une belle marge....

— « Mais, monsieur l'Inspecteur, nos murs ne sont pas blancs !... » — J'y suis : vous ravalez l'art au rôle de cache-misère.... Et cependant, si vos cartons ne tapissaient pas le mur, on le verrait comme il est; et peut-être ne le verrait-on bientôt plus, à moins d'ignorer outrageusement l'article 13 du règlement sur le blanchiment annuel des classes. L'art à l'école, c'est d'abord la propreté et l'hygiène.

... Et j'ai dit à cette institutrice d'école rurale, qui déplorait la modicité de son budget et la nudité de ses murs : Tranquillisez-vous : je l'ai trouvé tout de même chez vous, l'art à l'école. Il était dans ce couloir, où mes yeux ont été attirés par la file des sabots bien rangés, par les manteaux pendus en bon ordre. Il brille ici, dans ces vitres nettes, sur ce carrelage clair, sur ces boiseries bien époussetées, que vous lavez, m'avez-vous dit, tous les huit jours. Il est sur votre bureau, à côté de ces fleurs, dans cette balance aux plateaux éclatants et cette ligne décroissante, et sans manque, de poids de cuivre bien fourbis.

— « Mais cela, c'est de la propreté, ce n'est pas de la beauté; ce n'est pas de l'art, c'est de l'ordre du ménage?... » — Ecoutez, dans *l'Écono-*

mique de Xénophon, Ischomachos découvrir la valeur esthétique du ménage à sa jeune épouse : « Quel beau spectacle que des chaussures en file bien rangée, quelles qu'elles soient! Qu'ils sont beaux à voir, ces vêtements pendus en ligne, quels qu'ils soient! Belles aussi, ces couvertures! Beaux, ces vases d'airain! Beaux, ces ustensiles de la table! Et beau enfin — cela fera bien rire, non pas le sage, mais le bel esprit —car je dis que des pots de terre sont un spectacle harmonieux, quand ils sont rangés en ordre. Du fait de l'ordre toutes choses paraissent plus belles. Et toute espèce de meubles, mis en ordre, semble un chœur. Et leur centre paraît beau, chacun en étant également éloigné : tout de même que le chœur cyclique est non seulement en lui-même un beau spectacle, mais encore son centre fait une impression de beauté et de pureté.... »

Êtes-vous convaincues, mesdames? La ménagère ordonnée et soigneuse est une douce artiste, et elle assure pour sa part, dans la disposition de son chœur modeste de chaussures et de vases de cuisine, la pénétration de l'ordre et de l'harmonie au cœur de ses enfants. Croyez-en ce Grec, qui vous donne la formule la plus simple, non la moins bonne, et du moins applicable partout, de « l'art à l'école ».

RÉUNIONS DE FAMILLE

OUVRONS L'ÉCOLE AUX PARENTS

L'ÉCOLE célèbre, ce dimanche de mars, la Fête du Travail. Célébration gracieuse et simple : des chœurs, des récitations, des évolutions d'enfants. Aux murs de la salle sont épinglés les meilleurs des dessins que l'on a exécutés depuis quatre mois. Une longue table supporte la fraîche exposition des travaux manuels, depuis ceux des petits et petites, fiers de leurs pliages, de leurs déchiquetages, et surtout de ces boîtes où des piquages de laine ocre et verte dessinent sur le couvercle de papier fort les contours d'un rameau d'oranges, jusqu'aux ourlets, aux surjets, aux festons des grandes. Les parents, mamans et papas, conviés à la fête, les ont longuement admirés.

Honneur à la classe enfantine : elle mime, avec des gestes fragiles, le jeu des métiers. Puis une fillette du cours élémentaire, crête rouge en tête, lance avec un bel aplomb l'appel du travail matinal :

C'est moi le coq! Cocorico!...

Et de nouveau la classe enfantine, bambins et bambines distribués en couples jolis, dansent et miment en chantant la *Marche des quatre âges* : et l'on tâche — tous les papas, toutes les mamans — de suivre, dans le chœur délicat, le mince filet de voix de son enfant. Les cours élémentaire et moyen sont maintenant groupés pour le *Chant des mineurs*. Jean Aicard célèbre les métiers par la bouche d'une fillette. Puis c'est un charmant exercice collectif de gymnastique : mouvements respiratoires, extension du corps, sauts, sur un rythme simple et net, un pas de quatre que le piano détache. On chante, ensuite, la *Chanson de l'aiguille*; une récitation décrit le travail de l'école; et comme le travail donne force et gaieté, c'est l'*Éclat de rire* qui sonne et s'égrène à la fin de cette fête enfantine. C'est délicieux, et je sens — moi qui ne suis pas ici en inspecteur, mais en papa — je sens à mon plaisir un peu ému combien cette réunion de famille doit attacher à l'école les pères et les mères reconnaissants.

Nous avons eu déjà la Fête de la Rentrée, celle de l'Arbre de Noël; nous aurons à la fin de mai celle du Printemps : ainsi les étapes de l'année sont marquées de joie et de grâce.

Que l'on ne croie pas, surtout, que les programmes en soient négligés pour je ne sais quel cabotinage, qui nuirait à l'étude et jetterait dans les petites âmes des semences de vanité. Rien n'a été appris ni préparé spécialement pour la fête, et l'on n'y a fait que répéter les récitations, les

chœurs, les évolutions, les excercices gymnas-
tiques, distribués pendant le trimestre aux vrais
cadres de l'emploi du temps : c'en est pour ainsi
dire la revision joyeuse, sous les yeux des familles.
Et ce sont les enfants elles-mêmes qui ont désigné,
là où il faut des « vedettes », d'ailleurs anonymes
sur le programme, celles qui feront le mieux —
tant à leur goût bien enfantin de la justice se joint
le dévouement au succès de la tâche collective.

Un samedi soir, dans la salle d'un patronage où
deux écoles, garçons et filles, du même quartier,
ont convié les parents à une réunion cordiale. On
est venu en famille, après le dîner. Les papas sont
pour la plupart en habit de travail. Ici, le centre
d'intérêt du programme est un Voyage aux Pyré-
nées, que des projections déroulent aux yeux ravis
des travailleurs, attachés par le souci du pain
quotidien à leur ville. Le voyage est heureusement
coupé par les chœurs alternés des garçons et des
filles, qui célèbrent les montagnes. Et tandis que
sur l'écran s'entassent des rocs monstrueux où
s'ouvre une gorge, un « grand » récite *le Cor*,
d'Alfred de Vigny. Plaisir des yeux, élévation des
âmes, et aussi cette atmosphère de famille, où les
sentiments des parents et des maîtres se lient....

Il serait bon d'ouvrir partout l'école à ces
assemblées intimes. Que le programme, suivant
les ressources locales, suivant le nombre des
maîtres et des élèves, en soit plus ou moins riche :

peu importe! En attendant la vulgarisation du cinématographe, une belle série de projections peut toujours former centre. L'essentiel, c'est que, trois ou quatre fois dans l'année, l'école soit la maison commune où les enfants ramènent un soir les pères et les mères. Ayez soin seulement que votre fête n'apparaisse pas comme le fruit superflu, poussé aux dépens du nécessaire, d'une préparation spéciale, que nos règlements d'ailleurs ne permettent pas; mais qu'elle soit l'épanouissement, le bouquet naturel des exercices de la classe normale. Vous offrez à ces travailleurs la fleur du travail de leurs enfants : croyez qu'ils seront fiers et émus de l'admirer. Profitez-en, si vous pensez que cela soit utile, pour les renseigner, en une brève conversation, sur une orientation nouvelle de votre enseignement, pour leur demander leur collaboration éclairée sur quelque point d'éducation ou de discipline. Surtout, ne touchez pas alors aux questions qui divisent : la meilleure « défense laïque », en ce qui vous concerne — à d'autres appartiennent d'autres devoirs — c'est la confiance que vous donnent les travailleurs, comme à ceux qui entraînent au travail, en les aimant, leurs fils et leurs filles. Que dans ces réunions familiales et simples se resserrent les liens de la confiance!

Et, parfois, vous pourriez faire, vers les pères et les mères, un geste spontané, que vous-mêmes ne prévoyiez pas, de sympathie et d'accueil.

C'est la rentrée, ce matin du 31 mars, dans une

classe enfantine de village. J'assiste, un peu avant huit heures, à l'inscription des derniers bambins, tout intimidés et graves de devenir des écoliers, de « petits hommes ». Inscrits, ils redescendent dans la cour, en attendant la première mise en rang. Les voici qui montent les trois marches du seuil, encadrés par les « anciens ». La porte de la classe reste ouverte — il fait un jeune soleil — tandis que l'installation se poursuit, souriante....

Mais la petite cour borde la route; et sur la route, je vois qu'une dizaine de pères et de mères sont restés, qui tâchent, le cou tendu, de suivre par la porte ouverte les mouvements de leurs petits à travers les bancs. C'est la première séparation....

Eh bien, si l'institutrice avait osé se pencher vers le groupe des papas et des mamans restés sur la route, et leur avait dit gentiment : « Entrez donc quelques minutes, vous verrez l'installation de vos petits! » ne pensez-vous pas qu'elle eût tout de suite attaché à l'école un peu de leur cœur?...

L'ESPRIT DU TROUPEAU

UNE claire matinée de décembre. La gelée blanche poudre les champs, les prés. Sur le ciel léger, le village s'enlève en violet vigoureux, à contre-jour, avec un intense rayonnement d'or autour du clocher, derrière lequel monte le soleil.

Je reconnais, en attendant l'heure, la grande rue du village. Je cueille au passage des bonjours de fillettes, qui semblent deviner l'inspecteur possible, et qui seront moins étonnées que leur maîtresse, à mon entrée prochaine. Mais la promenade est peu agréable : la rue est bordée de fumiers mal tenus, qui feraient la désolation de M. René Leblanc; activée par la gelée, sous le fin soleil, leur ammoniaque s'exhale, avec des buées de choses croupies....

Aussi est-ce avec un vrai désir d'air pur et vif que j'entre à l'école. J'y voudrais trouver une maîtresse experte à la stimulation des intelligences, des enfants qui réagissent : ce serait l'espoir que, peu à peu, on vaincra la routine, que l'atmosphère s'assainira....

L'institutrice a groupé ses fillettes pour la leçon de morale. Et tout de suite elle les parque dans une définition bien dogmatique, bien abstraite. Puis elle parle, parle. Les fillettes écoutent, passives, sans que rien, dans un mouvement, un regard, trahisse qu'elles prennent à ce catéchisme un intérêt quelconque; et de temps en temps, elles psalmodient en chœur un « oui, M'dame! » qui répond, machinal, à une interrogation sans vertu.

Pas un moment, elles n'ont cherché, réfléchi, pensé, senti. Leur mémoire a pu s'encombrer de quelques bribes; mais leur âme ne s'est pas enrichie. Elles n'ont fait que renforcer, à cet exercice, la vieille habitude de l'assentiment grégaire : « Oui, M'dame! »... *Amen!* — Amen aux autorités extérieures.... Amen aux préjugés.... Amen à la routine.... — Les fumiers embaumeront longtemps....

Vous trouvez que j'ai la déduction trop prompte? Je veux bien : laissons les fumiers. Mais ne pensez-vous pas que nous favorisons trop souvent encore, dans nos classes, *l'esprit du troupeau*, alors que nous devons faire de nos élèves des *personnes*, qui aient une valeur, une vie distinctes? La démocratie n'est belle que si elle est une coopération de volontés éclairées et libres. La solidarité n'est bonne que si elle est la collaboration des intelligences et des énergies individuelles pour des fins voulues en commun et dignes des efforts de tous. Le but de l'éducation populaire n'est-il pas ainsi, comme me l'écrivait un instituteur, « l'aristocratisation » de la foule? Dans tous nos petits élèves, qui auront, comme citoyens de la République française, leur part de souveraineté nationale, l'école devrait élever, suivant le mot charmant d'un collaborateur aimé du *Manuel*, M. Émile Hinzelin, les « Dauphins de France ».

Pour cela, donnons à nos enfants l'habitude d'être, d'agir, de vouloir être soi. La leur donnait-il ce maître, qui ne laissait à dire à ses élèves que le dernier mot de ses phrases, voire la dernière syllabe de ses mots? « Un homme qui fait cela est un égo.... » — « Iste! » criait la classe. — « Il faut aimer ses sem.... » — « Blables! » achevait le chœur. Que c'était donc fatigant, crispant! et quel dressage d'inintelligences!...

Que dites-vous, ailleurs, de ce brouhaha? Toute une classe répond aux questions du maître. Quelques sons, plus aigus, saillent d'une confusion ronronnante. On ne s'entend plus. Si ce n'était que cela! Mais, si vous le pouvez, pesez ces réponses. Les bons les ont faites moins bonnes que s'ils avaient été invités à les réfléchir et à les formuler seuls. Mais les médiocres et les mauvais, ceux justement qui auraient le plus besoin de penser et de parler? Ils ont fait entendre un ânonnement vague; ce sont eux qui traînaient la basse, dans la cacophonie de tout à l'heure. Plus tard ils seront, si l'on n'y prend garde, les suiveurs, les imitateurs serviles, le troupeau qui ne réfléchit pas, qui accepte, ceux qui bêlent avec les moutons, qui hurlent avec les loups.... — Que faire? m'a demandé le maître. — Posez vos questions à toute votre classe, pour y entretenir la vie collective de l'esprit, de l'attention, de la bonne volonté en éveil; puis désignez nommément celui qui doit répondre, pour assurer en même temps la vie personnelle de l'action...;

Je lis aux cahiers-journaux de cette section une rédaction française. Je suis frappé des ressemblances de tous ces « développements » ; même ordre, parfois mêmes phrases. La préparation a été trop minutieuse, elle a trop prévu, indiqué, garrotté dans un cadre banal. La rédaction n'est plus alors qu'une leçon de mémoire écrite, un rappel de clichés; et tous se rappelleront les mêmes choses, écriront plus ou moins mal les mêmes choses, et la correction de la composition française sera réduite aux fautes d'orthographe. C'est pourtant l'exercice le plus favorable à l'éclosion de la personne enfantine, où l'enfant devrait voir, sentir, traduire, se traduire et se dégager lui-même. Ouvrons la voie à nos enfants, mais après, laissons-les marcher : nous sommes des aiguilleurs d'âmes libres, et non des conducteurs d'aveugles....

Leçon de lecture à une section de cinq élèves. Un, deux élèves lisent, déchiffrent. Chacun aura son tour; ils ne sont pas si nombreux.... Que non pas! On se hâte de passer à la lecture collective; et voilà mes cinq lecteurs ânonnant de concert, les uns forçant ou ralentissant les autres; et l'on entend, aux virgules et aux points, des échos qui défaillent.... Encore un rite de l'éducation grégaire! Mais la lecture collective n'est-elle pas un procédé de fortune, un pis aller, qu'il faut bien admettre dans les classes nombreuses, pour que des groupes s'y entraînent, à défaut de l'exercice individuel impossible chaque jour à tous? N'y recourons donc qu'à regret, et forcés. Ou plutôt, comprenons-la autrement. Quand votre groupe, quand votre classe sera bien en possession de la page bien déchiffrée, mais alors seulement, passez de la lecture individuelle à la lecture en commun, lente, mesurée, scandée; passez même à la récitation collective : ce sera un exercice très profitable, très difficile aussi, plus difficile que la leçon de chant dont il se rapproche, — un bel exercice de solidarité rythmique.

Je m'y suis, un jour d'automne, profondément charmé dans une école mixte de campagne. Je revois et j'entends encore ces fillettes et ces garçonnets, debout, les mains au dos, commençant posément au signal du maître, scandant juste, appuyant les rimes :

> Le soir est un cavalier sombre
> Qui descend le long du coteau
> S'enveloppant dans un manteau
> Tout tissé de silence et d'ombre...

C'était vraiment délicieux : les voix enfantines s'unissaient sans se perdre, se soutenaient sans se confondre. Et c'était aussi, sans qu'on sans doutât peut-être, le peuple, le petit peuple des écoliers, des « Dauphins de France », s'exerçant à la solidarité. La classe finissait, le jour défaillant de quatre heures était doux sur le coteau bleu....

SELF-GOVERNMENT

LE mot est anglais; mais c'est nous qui sommes en République. Cela ne veut pas dire que, même sans le mot, la chose soit française.

Nos élèves seront des citoyens, qui devront, par définition, s'administrer librement eux-mêmes suivant leurs propres lois. Les préparons-nous, dans nos classes, à ce gouvernement autonome? *Self-government* déclare, pour l'école et la vie, la pédagogie anglo-saxonne; et nous disons, nous, « obéissance ».

Obéissance au règlement, obéissance au maître : c'est-à-dire, même si le maître a constamment la maîtrise de son humeur, même si le règlement n'a que des prescriptions salutaires, la soumission à une autorité extérieure, régalienne. La discipline de nos écoles, la plupart du temps, est en parfaite contradiction avec nos leçons d'instruction civique.

Et pourtant, la valeur morale de l'éducateur ne pourrait-elle être d'abord jugée d'après sa conception et sa pratique de la discipline? Ne parlons pas de celle qu'on appelle « paternelle », parce que, sans doute, elle n'a guère conservé de l'autorité du père de famille que ses trop coutumières faiblesses. Mais il y a la discipline qu'on impose, comme un décalogue intangible, décrété d'en haut. Jadis, elle se ponctuait volontiers de coups de férule; et l'article 20 du règlement scolaire, pour l'interdire expressément, avoue son antique puissance. C'est un instrument de dressage, de servage, non d'éducation.

Il y a celle que le maître explique, pour la faire accepter à la raison et à la conscience enfantines. Celle-là est bonne, en tant qu'elle légitime l'autorité, qu'elle contente l'intelligence et le cœur, qu'elle fait régner la confiance et la sympathie dans l'école. C'est la discipline libérale, que s'efforcent d'appliquer les bons maîtres. Mais il y a en elle un principe qui la neutralise pour le développement du caractère. La brutalité y est remplacée par la condescendance; c'est toujours une autorité extérieure qui s'y impose.

Il n'est qu'une discipline éducative, parce qu'elle est personnalité, volonté, responsabilité, vie : celle du *self-government*, du gouvernement de la classe par elle-même.

L'école ne prépare pas seulement des citoyens, elle est déjà une société à l'image de la grande, une petite cité, avec sa solidarité de devoirs et de droits. Les écoliers ont le devoir et le droit d'y cultiver et d'y développer leur corps, leur intelligence et leur âme. La discipline aura donc pour but — et n'aura que celui-là — d'assurer à chaque élève, contre la dissipation, la paresse, les mauvais penchants, qu'ils soient de lui ou des autres, le progrès de son instruction et de son éducation. Cela est facile à faire comprendre, à faire aimer aux enfants, que rien ne rebute plus que la fantaisie et l'arbitraire. Mais, cela entendu, leur direz-vous : « Voici mes règles. Je les ai faites pour votre bien »? Pourquoi leur enlever la responsabilité d'eux-mêmes? Est-il juste et sain que, pour ces futurs citoyens, nous jouions le rôle du bon tyran?... Prenons confiance, et disons-leur : « Vous allez faire vous-mêmes et appliquer vos lois. Je ne serai, moi, que le conseiller, le contrôleur bienveillant, et au besoin, l'arbitre. »

Utopie? Vous ne le croiriez plus, si vous aviez trouvé avec moi ce gouvernement scolaire autonome. Et c'était, pour achever l'utopie, dans un cours élémentaire.

Tous les élèves y forment une petite société, ayant pour but « de devenir instruits, honnêtes et bons ». Sont citoyens les élèves âgés de neuf ans au moins. On peut perdre ses droits civiques en cas de mauvaise conduite. Les jours d'instruction civique, nos bambins siègent gravement en assemblée législative et votent leurs lois. J'ai lu, par exemple, sur le cahier formant code, la loi sur la civilité, votée le 12 décembre : « *Art. 1er.* Tout élève doit saluer visiblement toutes les personnes qu'il rencontre dans les rues du village. — *Art. 2.* A la gare, le salut n'est obligatoire que pour les personnes connues. » Il y a des lois sur l'ordre, la propreté, la conduite en classe, aux récréations, dans la rue. Au contrôle de l'exécution des lois, l'assemblée délègue des surveillants, élus pour un mois au suffrage universel : l'honneur est grand, il est brigué, il y a des scrutins de ballottage. Ne sont éligibles que les citoyens ayant atteint neuf ans et demi. Les surveillants peuvent réprimander et punir, de la privation d'un jeu ou d'une partie de la récréation par exemple. En cas de contestation, le maître est l'arbitre du pouvoir exécutif.

Vous souriez? et j'ai souri aussi. Mais n'est-ce pas déjà profit que nos futurs citoyens apprennent, par l'action, toute une belle portion du vocabulaire civique, et se familiarisent, dans un naïf entrain, avec la pratique même de notre système républicain?

Mais cela n'est rien à côté du gain éducatif. Les citoyens ont à cœur d'obéir aux lois qu'ils ont débattues, et les surveillants, dans le mois de leur charge, mettent un particulier point d'honneur à donner l'exemple d'une stricte et joyeuse observance. Le surveillant d'ordre et de propreté qui désigne chaque soir pour le lendemain les élèves de service, a soin d'arriver à huit heures moins dix et à une heure moins dix, pour s'assurer que tout est en ordre dans la classe. Le surveillant de récréation ne se promène pas gravement de long en large, il joue comme les autres, mais tout en jouant, il sait rappeler à l'occasion les lois des jeux. Il y a des surveillants de groupe, qui veillent en dehors de l'école, à la sécurité et à la tenue des élèves de leur quartier. Et les élèves respectent leurs mandataires d'un mois. Loin de les considérer comme des délateurs, quand ils doivent déclarer au maître une faute grave, sur laquelle pourra statuer un tribunal, ils les estiment comme de bons fonctionnaires de moralité « faisant leur rapport ». Ils leur reprocheraient plutôt de manquer parfois de fermeté. Au reste, pour les fautes vénielles, courantes, le surveillant peut rappeler la loi, réprimander et punir le délinquant, et n'informer le maître qu'à la troisième récidive....

Oui, j'ai souri, mais de toute ma sympathie, à cette république en miniature, plus vraie que la grande peut-être, où l'enfant, sous les yeux bienveillants du maître qu'il estime et qu'il aime, débattant, édictant, appliquant les lois de sa communauté scolaire, apprend la responsabilité, la solidarité pour le bien commun, et vit vraiment d'avance la démocratie. Dans cette classe, où règne le « bon esprit » suivant la vieille formule, qui ne peut manquer là où l'on agit dans la sincérité, c'est tout un esprit social qui s'instaure.

N'essayerons-nous pas, chers lecteurs, de franciser, mot et chose, ce *self-government?* Souvenons-nous, en ce juillet, que ce ne sont pourtant pas les Anglais qui ont renversé la Bastille....

« FAIRE SA PART »

Il m'arrive d'être le confident de quelques nobles inquiétudes. Et qui, du reste, n'a connu certaines heures où, tout en se sentant attaché par la loyauté à remplir sa fonction suivant les modes de son contrat, on se prend à douter si on fait bien ainsi tout son devoir d'homme?

Des tristesses particulières, des blessures personnelles suscitent aussi des points d'interrogation douloureux. Là où un cléricalisme agressif ou sournois attaque l'instituteur et l'école, le maître se demande parfois s'il n'aurait pas le droit, ou le devoir, sinon de riposter, du moins de garantir et de prémunir, et si l'école neutre n'est pas une duperie, à côté du catéchisme propagandiste....

De graves journaux chargent de dédains son titre de « primaire ». On semble le retrancher de la communion des gens intelligents et distingués. Instituteur arriéré, qui crois encore à la science et à la raison, alors qu'il y a et le bergsonisme et le pragmatisme, où les vieux égoïsmes prennent licence de se redresser en des poses avantageuses!

Et puis, que signifient ces ambitions d'orienter l'âme de l'enfant et du jeune homme? Montre-leur à lire, à écrire, à chiffrer.... Et l'instituteur se demande parfois s'il fait assez pour le peuple dont il enseigne les enfants, dont il fait partie lui-même, et s'il en est vraiment l'*instituteur*, c'est-à-dire celui qui assure et construit, qui prépare et munit pour la vérité toujours plus vraie, pour la justice toujours plus juste....

Je comprends, j'aime ces frémisséments, parce qu'ils montrent une conscience délicate, et vigilante jusqu'au scrupule à l'accomplissement du devoir. Mais ne nous trompons pas sur le devoir. Il ne consiste pas pour chacun de nous à prendre sans distinction toutes les charges. L'homme l'a rempli, avec les garanties les plus sûres du plus grand rendement social, quand, suivant ses facultés et sa fonction, il connaît et sait « faire sa part ».

Quelle est donc « la part » de l'instituteur? Ah! croyez bien que je ne la rabaisserai pas, et que je ne viens pas vous conseiller un étroit et commode égoïsme! « Les maîtres de l'enfance — disait hier, à l'Académie française, M. Ribot — ne sont pas seulement chargés d'enseigner aux petits Français les premiers rudiments des connaissances humaines. Ils doivent aider les parents à faire de ces enfants des hommes, et par là leur tâche s'élève, prend du relief, dans un temps ou tout le monde comprend que l'avenir du pays dépend, pour une grande part, de la direction donnée à l'éducation publique. » Oui, l'instituteur, en formant l'enfant, façonne l'homme et le citoyen, prépare l'avenir de la France et de la démocratie. Il a le droit — et le devoir — de se préoccuper de la vérité, de la justice, du progrès. Mais tous les modes d'action ne lui sont pas permis.

Il enseigne au nom de la nation, à tous les enfants de France, d'où qu'ils viennent et quoi qu'ils croient : il ne peut donc ni les endoctriner, ni les catéchiser. Il n'est pas le propagandiste d'une église, d'une contre-église, d'une classe ou d'un parti. La loyauté le lui défend, aux termes du contrat qu'il a passé avec le pays.

Et si l'on me dit ; « C'est bien ! Je fais ma part d'instituteur, de fonctionnaire enseignant suivant la conception de la neutralité. Mais je m'inquiète justement de savoir si je ne puis faire ainsi ma part d'éducateur du peuple? »

Croiriez-vous donc à la vertu des catéchismes? Et même si votre contrat vous le permettait, opposeriez-vous vraiment propagande à propagande, enseigneriez-vous des systèmes et des doctrines? Quelle erreur ce serait, et que de temps perdu! Mais nos doctrines personnelles, même les plus chères, sont l'accidentel, l'éphémère. Non qu'elles n'aient leur prix passionnant dans le temps qui passe : elles permettent une nouvelle étape, elles avancent un peu le progrès. Mais quand nos enfants auront l'âge d'homme, ce seront des modes périmés de pensée et d'action. Loin de nous, après nous, qui sait les éléments, les problèmes, que la vie individuelle et la vie sociale réservent à nos élèves? Resteront-ils alors les mains vides, l'intelligence et la volonté hésitantes?

Nous devons leur enseigner ce qui ne passe point, munir en eux le peuple de France, non point d'un avenir tout fait, engainé dans nos théories, mais de bons outils d'avenir. Ces outils, ce sont les *méthodes*, méthodes d'observation, de critique, de jugement; et c'est d'elles que le peuple sent obscurément le plus profond besoin.

Vous rappelez-vous les universités populaires? Elles n'ont pas réussi; mais, comme de toute expérience, il en est resté quelque chose, ne serait-ce, pour ce qui nous occupe, que cette note sur la Fondation universitaire de Belleville. « Parmi les groupes d'études organisés — écrivait, en 1901, M. Lavisse — celui qui semble avoir réussi le mieux est le groupe des études philosophiques. Or, voici les questions qu'on y a étudiées : « Qu'est-ce que la science? — Méthode des sciences mathématiques. — Méthode des sciences physiques. — Méthode des sciences biologiques. — Méthode des sciences sociales. — Principes directeurs de la science moderne. » Des méthodes! ces préoccupations des ouvriers de Belleville ne demeurent-elles pas une précieuse indication?

Oui, disons-nous que le peuple n'est pas libéré, tant qu'il accepte d'ailleurs, que ce soit de nous ou des autres, des vérités étrangères. Nous devons entraîner nos enfants à observer, à critiquer, à juger, de la manière la plus prudente, la plus exigeante, la plus honnête. Leur apprendre à chercher et à trouver la vérité, la leur faire aimer et vouloir, dans tous les domaines : n'est-ce pas leur donner la clef de l'avenir, de *leur* avenir?

Aussi, quand nous serons en butte à d'injustes attaques ou à des sollicitations, quelles qu'elles soient, ne cédons pas, mais épurons nos indignations, nos tristesses, nos impatiences, dans un culte plus ardent et plus strict à la fois de la vérité. Ordonnons toujours mieux les matières de notre enseignement, pour que nos élèves en emportent l'habitude et le besoin de l'ordre ; faisons-le concret et vivant, pour qu'on ne puisse plus les payer de mots ; développons lentement sous leurs yeux les phases de cette petite expérience scientifique, pour qu'ils apprennent à observer et à conclure ; menons ce problème suivant une marche qui en dégage de proche en proche les données et en organise nécessairement la solution, pour qu'ils apprennent la précision et la logique ; montrons cette règle de grammaire sortir d'exemples bien choisis dans un bon texte, pour qu'ils se méfient du dogmatisme ; exposons cette leçon d'histoire, en faisant appel au passé du petit pays, plus proche et plus vérifiable, en montrant des images qui sont des preuves, pour qu'ils n'acceptent rien qu'un témoignage sûr ou un document n'appuie ; faisons vibrer, en morale, les sentiments profonds, où les hommes sentent leur fraternité et les braves gens leur communauté, pour les immuniser contre les sectarismes. Faisons cela tous les jours, sans discussions théoriques, mais par la pratique constante, dans chacune de nos leçons. Loin d'avoir manqué à la loyauté de notre contrat, nous l'aurons tenu avec la dignité la plus compréhensive.

L'instituteur peut travailler, en paix avec lui-même : il fait complètement — noblement — « sa part ». Et disons-le bien haut, qu'on attaque ou qu'on raille, ce n'est pas à la portée de tout le monde....

LEÇONS DE MORALE... SANS PAROLES

Je sais une cour d'école, qui est une leçon, — j'allais dire, comme un Grec, pensant à l'œuvre faite, aux sentiments qui l'ont « inspirée » et à la vertu qui en émane : un *poème* de solidarité.

C'est une cour d'école de village. On y arrive par une longue rue, à vrai dire la grande route, bordée de maisons basses, et que rendent plus étroite les fumiers qui font aux maisons d'odorants parterres. Du purin se mordore au soleil. On croirait que tout cela a été prévu pour mettre en valeur la cour de l'école.

Elle s'ouvre soudain en marge de la route, l'école la bordant au fond; et l'œil se plaît d'abord à ce champ élargi. C'est une belle table de terrain de plus de quatre ares, rehaussée au milieu d'une corbeille de fleurs joyeuses. La séparant de la route et du purin qui descend au ruisseau, une grille coquette à fers de lance.

A la récréation, je dis à l'instituteur mon plaisir étonné de voir si belle entrée à son humble école; et je vais louer la municipalité qui voulut qu'elle fût « palais scolaire » au moins par sa cour d'honneur. Mais l'instituteur sourit : « Si vous l'aviez vue, il y a six ans! » Et peu à peu, j'apprends l'histoire de la cour.

C'était, quand le maître arriva dans le village, une place ouverte devant la mairie-école, un plateau crevassé de terre argileuse, où l'on pataugeait aux moindres pluies. La récréation y était désagréable et dangereuse; les chaussures salissaient la salle de classe. Alors le maître se mit en tête de faire sa cour.

Inutile de compter sur le budget municipal. Il y intéressa, sans phrases, toute la commune. Il demanda aux gens qui faisaient réparer ou remplaçaient par de la tuile leurs vieux toits de « laves » de lui réserver les « laves » rebutées. Et il y eut bientôt dans la cour des tas de ces pierrailles aplaties; et, à chaque récréation, le maître les cassait, avec ses écoliers. « On a fait *sa corvée* » : j'ai recueilli le mot, savoureux et juste, sur ses lèvres de brave homme. L'exemplaire corvée!...

Les trous se sont comblés, l'argile s'est tassée. Mais on redoutait la pluie : alors les travailleurs de la cour vous ont fait un étage de vingt centimètres avec des laves et des pierres posées sur champ, entre lesquelles l'eau s'écoule au ruisseau de la route.

Pour finir le chef-d'œuvre, l'instituteur désirait du gravier et du sable. Et la Providence... aide-toi, le ciel t'aidera... une providence ralliée à l'école laïque y pourvut. Ce fut un collègue du pays voisin qui dit à notre pionnier : « Tu ne sais pas? On répare chez nous la ligne du chemin de fer; la Compagnie remplace son ballast. Tu l'aurais pour rien, et on te remercierait de le prendre. » Et l'instituteur, pour la corvée, après les enfants, requit les pères. Il « mobilisa » — c'est son mot — cinq ou six cultivateurs; on ramena dans les chariots le sable et le gravier providentiels; et le maître, bonhomme : « Ça ne m'a coûté que quelques verres... ».

La cour achevée, il a voulu la clore. Un mur, peu à peu, s'est construit; la belle grille de la façade a dardé ses fers de lance : elle a coûté 150 francs. Mais ici, le conseil municipal a payé : impossible, voyons! de laisser l'œuvre imparfaite. Et puis l'instituteur disait : « Je ne vous demande rien pour le secrétariat de tous vos syndicats, vous pouvez bien me donner mon mur, vous pouvez bien me donner ma grille ».... Il les a eus, en trois ans. A présent, il veut que la grille soit peinte et que les lances brillent d'un minium protecteur. On lui a voté 15 francs pour la peinture, à condition qu'il l'applique lui-même. Il sera joyeusement peintre, ayant été pionnier....

N'est-ce pas que c'est tout un poème? Et comme cette cour est plus belle encore de tous les sentiments, de tous les vouloirs qui y sont concrétés!... Les vieilles maisons chuchotent : « C'est nous qui t'avons donné nos laves ».... Les chariots, qui vont aux champs, lentement grincent : « C'est nous qui t'avons porté le ballast des voies ».... Les hommes se rappellent le verre bu, après la bonne entr'aide, à la santé du maître. Tout le village revoit le maître et les enfants faisant « leur corvée »…. Tout le village est fier de sa cour. C'est une œuvre de volonté collective. L'instituteur laïque y a tassé — si je puis dire — ses plus durables leçons….

Et je sais une école où s'affirment et professent, sans un mot, l'énergie et le dévouement au devoir professionnel.

Cependant, le jour de la rentrée, le maître n'a pas bougé de sa chaise. Ses mouvements sont difficiles et lents; et ses lèvres ont, malgré tout, de temps en temps, une crispation de souffrance. Il a — tout simplement — l'épaule gauche luxée, une côte fracturée, un pouce foulé, sans compter les contusions du visage et du corps. Un grave accident de bicyclette l'a mis, quatre jours avant la rentrée, en ce piteux état. Le médecin lui a ordonné un repos de vingt jours…. Mais quoi! ne pas faire sa rentrée? abandonner sa classe?…

Et ce maître écrit à son inspecteur : … « Le bras droit reste bon, sauf la foulure du pouce. Je n'ai plus de fièvre et ai bon appétit : je préfère prendre mon service et mettre ma classe en route. Si des complications survenaient, alors je solliciterais le premier congé depuis mes débuts. »

Je trouve cela très beau, et suis fier d'avoir des collaborateurs de cette trempe. Mais pour ses élèves, quelle fière et crâne leçon !… Ils ne liront sans doute pas Bossuet : mais quel besoin, en vérité, de connaître « le valeureux comte de Fontaines » porté dans sa chaise à Rocroi? N'ont-ils pas, pour leur rentrée, ce spectacle d' « une âme maîtresse du corps qu'elle anime »?...

POSTE AVANCÉ

LE matin avive dans les haies, après la pluie nocturne, les pâles églantines. La route est belle ; longuement, elle longe, parmi des prés, puis coupe, puis repasse un ruisseau. Le village où je vais accroche à l'éperon de la colline ses maisons rouges.

Quelle montée!... Mais c'en est fini de l'enchantement. Il faut voir où mettre le pied dans une pierraille boueuse, frangée de purin, marbrée de bouses. Au long de cette « rue », les maisons s'épaulent, répétant leur façade : une fenêtre étroite derrière le fumier, un haut portail de grange.... Mais qu'est-ce donc que ces ailes éployées sur cette porte, comme un blason barbare?... Je ne me trompe pas : c'est une chouette qui est clouée là. En voici une autre, d'autres encore.... Cela me trouble étrangement, cette montée parmi ces crucifixions d'oiseaux.

Surprise et détente : la salle d'école est vaste et claire. Sur les murs safranés court une frise légère d'ocre rouge. Des cartes, des gravures (un peu trop nombreuses peut-être), se détachent en notes franches. Quelques fillettes essuient les tables, achèvent le petit ménage scolaire pour la classe qui va sonner.

Quel contraste avec les rues sordides, les oiseaux martyrs des superstitions tenaces! Comment ce village peut-il avoir une pareille école?... Ne cherchez pas : c'est l œuvre, la conquête de l'instituteur.

Il y a deux ans, suivant son mobilier en péril dans la voiture grinçante, il a cru qu'il montait chez les Scythes. Et son école n'était pas pour le réconforter : la salle était vaste, traversée, comme aujourd'hui, de soleil; mais la lumière ne faisait qu'accuser la noirceur du mur dégradé, où pendait une carte antique.... Le jeune maître a tâché d'amollir le conseil municipal; mais comment atteindre l'indifférence?... Agir soi-même?... Il s'y est bravement décidé. Avec ses élèves, il a délayé de la couleur, lavé, peint les murs, jeté sur son œuvre, en guirlande, cette simple frise au pochoir. Puis il a fait venir quelques cartes en feuille, les a collées sur carton, montées, pendues aux murailles égayées.... Alors l'indifférence s'est émue, de quelque honte peut-être; on a demandé au jeune maître « ce qu'on lui devait ». Mais il a répondu qu'on ne lui devait rien du tout..., mais qu'on lui ferait plaisir en complétant l'ameublement de sa classe. Et on lui a donné carte blanche; il a su ne pas en abuser.

N'est-ce pas que c'est très bien?...Pour moi, cette école renouvelée, au faîte de ce village, marque la prise de possession de la clarté et de la vie sur l'ignorance et la routine. C'est comme un poste avancé, sur qui pourrait flotter le drapeau.

Et le jeune maître veut conquérir les intelligences, ouvrir les yeux, susciter les curiosités, stimuler les volontés. Non pas en important ici des idées étrangères, mais en faisant rendre au terroir, en pleine conscience, tous ses fruits. D'abord, que se révèle aux enfants la dignité des besognes de leurs père et mère. Ils s'occupent à la fois de coutellerie et de culture. La classe expose donc, à la place d'honneur, près de la chaire du maître, les pièces de coutellerie à leurs différents états : un petit musée de fins travaux. Pour la culture... mais croira-t-on que ce village, endormi dans sa routine, ne s'était pas encore décidé à l'emploi des engrais chimiques? Cela va bien du reste avec les chouettes clouées au front des granges, pour en éloigner le mauvais sort. Le maître a fait des cultures en pots, qui ont piqué l'attention des jeunes; puis il a établi trois champs d'expériences : le bon grain lèvera bientôt, les générations nouvelles ne se rendormiront pas.

Et ce village lui-même, ce terroir, pour qu'on l'améliore et l'embellisse, pour qu'on y reste, le maître veut que ses enfants en sachent l'histoire, la longue dignité. Il a fait, dans la vieille mairie, la quête aux documents; il m'en montre un, trouvé récemment, vous ne devineriez pas où..., au fond d'un vieux casque de pompier. Il s'est renseigné aux archives départementales. Et sur les murs, près du musée de coutellerie, des tableaux disent en abrégé l'histoire du village.

Justement, c'est jour de classe-promenade, et le maître avait l'intention de dérouler aux yeux des enfants une page de cette histoire. Partons ensemble. Les files ne sont pas nombreuses, hélas! Trop d'enfants sont déjà retenus aux champs, au pâturage des bêtes.... Nous faisons halte au bas du village, près du ruisseau, où persiste un vieux moulin, où la digue d'un étang disparu allonge encore sa barre verte. Le maître interroge; et j'entends, avec une joie intime, ces petits paysans citer sûrement, comme des noms de connaissance, la seigneurie et l'abbaye qui se partageaient jadis le village. Ils montrent du doigt la digue de l'étang seigneurial, le moulin banal « dans le pré de Germaine ». Puis un document les captive, lu ainsi sur le terrain par le maître; il y fait bien sonner, avec l'accent d'intérêt nécessaire, les noms du terroir : de père en fils, et jusqu'à nos jours, depuis des siècles, c'est la même famille qui occupe le vieux moulin.

Puis nous montons par les friches, cueillant des fleurs, les nommant, les faisant nommer : genêts, potentille, la parasite et curieuse orobanche, et de délicieuses orchidées : des ophrys-abeilles. Et nous voici au but : devant la ferme au vieux nom, qu'une haute dame, il y a sept siècles bientôt, donna « par aumône », avec tout le domaine avoisinant, aux moines d'une abbaye haut-marnaise, qui possédèrent ainsi jusqu'à la Révolution une grande partie du village. L'acte est daté de 1250. Quelle valeur il prend, commenté devant le beau domaine de champs et de bois, majestueusement étalé!... On en profite pour rappeler l'histoire mi-légendaire de la fondation de l'antique abbaye. Nous descendons jusqu'à une fontaine, jadis sainte, où une femme interrompt, étonnée, sa lessive. Et nous rentrons lentement. Une halte encore pour un exercice d'orientation, d'après le soleil; une autre, plus longue, où les grands cueillent et décrivent, fleurs en mains, coquelicots et églan-tines, où les petits font des bouquets à fleurettes comptées, apprennent une arithmétique gracieuse. Avant le village, entrons dans ce pré et nettoyons nos chaussures : deux grandes filles du cours moyen font la toilette des petites. Allons!...

Nous remontons, fiers de notre expédition, au poste clair de là-haut. Je regarde, sans trouble maintenant, les vieux portails, où ces enfants ne cloueront plus l'oiseau de Minerve....

EN PRÉPARANT LE « MOUVEMENT »
DE FIN D'ANNÉE

DE quoi pourrais-je bien vous parler, si ce n'est du « mouvement » ? Il enserre, il envoûte ; et les nuits de juillet de l'administrateur oscillent entre deux cauchemars : tantôt, c'est une mer labourée de marées et de vents, où une barque, s'efforçant en vain vers la plage unie des vacances, tournoie et se choque à d'ironiques récifs ; et tantôt la carte départementale devient un échiquier géant avec des pièces vivantes, agitées d'absurdes caprices, et qui s'acharnent à des marches et combinaisons diaboliques....

Pas commode à préparer, le mouvement ! et combien délicates la balance des mérites, la conciliation des intérêts personnels et de l'intérêt tout court de l'école ! Non que ce soit incompatible : j'estime, au contraire, que le maître ne sera nulle part aussi bon que dans le poste de son choix, et j'y tâche de toutes mes forces. Encore faudrait-il les connaître toujours, ces choix et ces préférences. Malgré toutes les invites, les vœux sont d'expression encore trop rare ; et j'estime d'ailleurs, tout en la regrettant, cette discrétion qui empêche la plupart des maîtres et maîtresses de demander, même pour « le cas échéant », les postes occupés par leurs collègues. Mais à combien de coups de sonde me voilà obligé !... Et tous les détails — qui n'en sont pas, au fond — auxquels il faut prendre garde : nombre de pièces, contenance du jardin, secrétariat de mairie, avantages accessoires... Telle adjointe a demandé une école mixte, mais avec un logement où elle puisse abriter son vieux père et sa sœur, et aussi un jardin pour les loisirs paternels.... Enfin, dieux propices! le jardin est trouvé : il a six ares....

Celle-là, au moins, ne s'en va pas seule. Mais les autres, ces jeunes adjointes, que le mouvement, attendu avec anxiété, envoie dans des communes lointaines, dans des « trous » perdus?... Toutes demandent — et comme, sans les écouter, je les comprends! — des postes à proximité d'une gare; mais elles doivent bien comprendre aussi que ces postes-là sont rares, et qu'on ne les a qu'après avoir fait « son temps » de solitude. Non, elle n'est pas gaie, pour une jeune fille, la perspective de s'en aller vivre dans un pays inconnu, dans une maison trop grande, retirée parfois au fond d'une place, écartée au bord d'une route, où plusieurs objectent ingénument qu'elles « auront peur ». Ce n'est pas gai, mais on s'y fera; ce n'est pas brillant, mais c'est beau. Et ces jeunes filles prendront bientôt conscience de la grandeur de leurs tâches obscures; elles seront celles qui se passionnent à débrouiller quelques cerveaux, à forger quelques âmes. Et j'entends encore une de ces débutantes craintives, qui avait essuyé dans sa petite classe des attaques sectaires et qui venait me demander de ne pas la changer, de la maintenir à son poste du fond des bois, pour y rester, puisqu'on l'y avait attaquée, pour y vaincre noblement, à force d'âme, à la française, à la laïque....

Maintenant, c'est le mouvement des adjoints que j'aborde. Et je pense à ceux et à celles qui vont quitter l'École normale. Nos jeunes gens promettent des instituteurs sérieux, honnêtes. Nous comptons qu'ils respecteront et écouteront l'expérience des aînés, et qu'ils partent avec la foi de l'œuvre à laquelle ils vont collaborer.... J'ai donné tout à l'heure à nos normaliennes les résultats heureux du certificat de fin d'études. Elles vont laisser demain, avec quelque inquiétude mêlée à leur joie, l'école où elles ont vécu trois années heureuses, dans une atmosphère de confiance et de sympathie. Je leur ai souhaité de retrouver, là où elles iront, un peu de cette atmosphère douce. Qu'elles aillent vers leur vie nouvelle, avec de la fierté et de l'humilité tout ensemble : fierté d'avoir une part dans la formation intellectuelle et morale de la France, de commencer l'institution de l'avenir, même, à l'école mixte, de l'avenir civique de notre pays : ces jeunes filles vont préparer des mères et des citoyens; — humilité, car il reste tant à apprendre, et surtout il faut adapter, assouplir, sacrifier à l'école où l'on enseignera, aux enfants qui viendront des foyers ouvriers ou paysans, les méthodes pédagogiques dont on n'a pu faire, dans un milieu privilégié, qu'un imparfait apprentissage : il faut tâcher de comprendre la vie, dans le lieu même où l'on devra faire son devoir, être humble devant la vie, pour apprendre ses ressources, et l'ennoblir....

Et l'on devra se rappeler aussi que l'éducation morale se fait autant hors de la classe que dans la classe. Autour de la femme, de la jeune fille éducatrice, l'ambiance doit être toute de mesure et de délicatesse. Qui dira, dans un village, une petite ville, l'importance d'un détail de toilette, de coiffure?... Suivons de nos vœux la « couvée » qui part.

Et je songe enfin, en pointant le mouvement, à ceux qui n'y figureront plus.... Une dépêche vient de s'abattre sur ma table, annonçant la mort inopinée d'un maître : cinquante et un ans. Je feuillette son dossier et j'y trouve, notée dans un récent rapport d'inspection, cette phrase du maire de sa commune : « Il n'a pas d'ennemis ». Encore un, parti avant le temps, pour la grande retraite... Je revois les noms de ceux qui vont prendre un repos honorable et bien gagné. Les uns sont malades, les autres d'une verdeur vigoureuse : qu'ils soient tous heureux et paisibles longtemps !... Et l'un deux m'a écrit hier : « Sur le point de résigner mes fonctions pour prendre un repos dont j'ai si grand besoin, je ressens une certaine émotion, et je voudrais me rattacher encore à notre grande famille.

Mon plus grand plaisir, ma distraction la plus agréable, serait, si toutefois vous m'y autorisez, de suppléer dans la région, pendant quelques jours, gratuitement, un maître souffrant ou obligé de s'aliter.... »

Ce n'est pas commode, le « mouvement »... mais, tout de même, on s'y sent un peu chef de famille....

LA CLASSE REBLANCHIE

L a classe sera blanchie ou lessivée tous les ans »
dit l'article 13 du règlement scolaire. Mais
M. le maire répond : « On ne peut pas s'occuper
de ce que disent vos inspecteurs et vos règlements,
cela coûterait trop cher ». La directrice insiste, au
moins pour la classe enfantine où ont mijoté, tout
au long de l'année, rougeoles, coqueluches, oreil-
lons. Mais M. le maire marmonne plus que jamais
sa mauvaise humeur et son mépris dégoûté de
cette école publique « *où on reçoit la vermine du
pays*.... C'est elle qui vous amène toutes ces
maladies. Il faudrait continuellement dépenser de
l'argent pour vos classes!... » Dans cette commune,
les locaux mal aérés, les parquets délabrés, les
murs noircis de la laïque font la réclame de l'école
libre.

Ce sectarisme, heureusement, est rare; il donne
d'ailleurs des armes contre lui-même; et tant
mieux s'il se découvre, car on peut espérer le
forcer. Mais que faire contre l'apathie sceptique
des braves gens de France, qui haussent les épaules
devant ces fantaisies d'hygiénistes? « Blanchir

l'école, tous les ans!... Mais, chez nous, mon bon monsieur, il y a peut-être dix ans qu'on n'a pas blanchi. Est-ce qu'on n'y vit pas tout de même? » Il est vrai qu'on s'y étiole aussi, et qu'on y meurt.... La chambre d'auberge où je déjeune a des murs noirs, qui s'écaillent sous la tapisserie décollée qui flotte à grands pans. Nul ne s'en inquiète. Comment traiterait-on mieux l'école?...

Et cependant le maître ne doit pas en prendre son parti. Plus est tenace la tradition des poussières domestiques conservées en vase clos, plus est difficile à raviver la sensibilité, je dirais la susceptibilité physique émoussée d'un peuple ouvrier et paysan, confiné depuis des longs siècles dans des logis étroits et noirs, plus l'éducateur laïque doit soutenir la cause de l'hygiène et de la clarté.

Je voudrais qu'aucun maître ne prît ses vacances sans avoir obtenu du conseil municipal le blanchiment de l'école, ou du moins ne les goûtât sans l'avoir tenté.

Je n'insiste pas sur la raison d'hygiène : elle est assez évidente. Ce n'est pas trop d'un badigeonnage à la chaux — le désinfectant le moins coûteux — pour détruire les germes malsains, pour effacer les impuretés déposées tout un an sur les murs.

Faut-il le mettre, ce badigeon, sous la caution de « l'art à l'école »? Et il est bien vrai que le mur blanc est un conseiller de grâce fraîche et discrète. Comment y replacer des cartons écornés, des tableaux souillés, ou simplement passés, qui jureraient avec sa blancheur neuve? On découvre ainsi soudain des laideurs, dont on avait pris l'accoutumance. Et sa pureté le rend lui-même plaisant à l'œil : on ne le surchargera donc plus; on se contentera d'en timbrer chaque panneau d'une belle image, qu'il fera valoir par ses grandes marges éclatantes. Puis le mur blanc impose la boiserie bien lavée, la vitre nette. Sur la table du maître, comme de lui-même un bouquet simple va se poser.... Toute cette gaieté, cette beauté, renfermées en puissance dans un badigeon à la chaux!...

Mais je pense surtout à la vertu morale du mur blanc. Il affirme d'abord la dignité de l'école; et plus autour d'elle règne encore la routine, plus la classe reblanchie atteste, comme symboliquement, cette dignité. Laboratoire de vie et d'avenir, elle doit être claire et pure.

Elle suggère cette clarté et cette pureté à l'enfant qui franchit son seuil. Elle lui donne instinctivement confiance dans la vie, et le fait pour ainsi dire repartir à neuf, lui aussi, pour une nouvelle étape. Le badigeon, qui a effacé les poussières, les souillures de l'an passé, semble avoir recouvert en même temps les petites faiblesses de l'écolier, les dissipations, les paresses. L'année qui vient lui apparaît blanche comme le mur blanc : un mot du maître — et voilà une leçon de morale — un mot du maître suffira pour qu'il soit pénétré du naïf désir de la bien employer; toujours nette et franche, et d'y faire briller des progrès de science et de conduite, de bonnes actions, semblables à la belle image qui rit sur la candeur du mur....

Et puis, laissons faire le temps et les choses. L'école, blanche, propre, gaie, est un exemple. « Pourquoi, maman, — dira un jour une fillette — ne blanchit-on pas la maison, comme notre école?» Et un autre jour — il faudra peut-être attendre que la fillette soit devenue ménagère — mais, un jour, les murs seront blanchis, les fenêtres poussées, les vitres brillantes. Une gravure, venue sans doute de la Chalcographie du Louvre, que je destine, dans la démocratie de mes rêves, à la vulgarisation à bon marché des chefs-d'œuvre par tout le peuple de France, une gravure remplacera les barbares chromos; un bouquet du jardin ornera la table, où toute la famille aimera s'asseoir.... — Quoi! dira-t-on, toute cette vertu sociale dans le blanchiment annuel de l'école? — Qui nous empêche, en tout cas, d'y rêver? Sait-on les résonances, le lointain rayonnement des actes les plus simples? Et par l'intention d'amour que l'on y peut mettre, le plus modeste devoir s'ennoblit.

MÉDITATION DE VACANCES

Voici le mois d'août, béni des écoliers et des maîtres. Trop de nos élèves ne l'ont pas, hélas! attendu, et depuis mai, depuis avril, suivent aux champs le troupeau indolent et triomphal des bêtes.... Mais les maîtres ont fourni l'année entière, et j'en sais que l'ennui d'une classe aux trois quarts désertée a fini par fatiguer plus que le bon travail.... Enfin libres! L'air illimité vous baigne, vous pénètre; les poitrines se gonflent pour l'aspirer à fond. La délicieuse détente! Et les yeux se donnent la fête des couleurs et des lignes : la mer dentelée de récifs où viennent se briser en aboyant les flots qui déferlent à l'assaut, la montagne et les bois de sapins où jaillissent des rocs éboulés les hampes pourpres des digitales, le fastueux ruban d'argent du fleuve et la promenade gracieuse du ruisseau sous les saules d'argent vert, les longues vagues dorées des plaines, et les horizons familiers du village où la plupart d'entre nous se contentent de goûter à petits coups leur loisir, tout cela se ravive, semble neuf à nos yeux rouverts.

Mais n'y a-t-il dans cette jouissance que celle

du loisir lui-même, et d'avoir jeté le lest des préparations, des corrections, et d'échapper à la prévision des heures tendant leurs mailles régulières au tableau de l'emploi du temps? N'y a-t-il que cela, ou bien ces vacances ne sont-elles aussi bonnes que parce que, avec le charmant repos, elles nous restituent la vérité de la nature et de la vie? Et ce plaisir frémissant de les retrouver n'accuse-t-il pas, au fond, le caractère trop souvent encore abstrait, factice, de l'école?... Sans doute, il n'est pas possible que l'école, milieu circonscrit, terrain d'étude et de discipline, ait le déploiement et l'inépuisable intérêt de la vie qui l'entoure. Mais enfin, quand les vacances nous rouvrent la vie, devrions-nous avoir ce besoin, et ce plaisir, d'oublier l'école? Notre plaisir ne devrait pas être fait, pour une part, de contraste — mais d'élargissement.

Non, l'école n'est pas encore assez vivante, je veux dire assez particularisée, appropriée, unie au terroir où plongent ses fondations matérielles. Elle reste trop souvent la maison banale, où pourraient se succéder tous les maîtres *d'école* (remarquez le vague et l'inadapté de l'appellation) : et, venus du nord ou du midi, de l'est ou de l'ouest, ils pourraient y continuer la classe avec les mêmes manuels, les mêmes exercices, sans jeter un regard au monde extérieur, sans pousser les fenêtres closes aux carreaux dépolis.

Alors, quand le petit enfant du peuple, fils de laboureur, d'artisan, d'ouvrier, entre dans cette école abstraite, *il a tout à apprendre*. On ne se sert pas des acquisitions plus ou moins obscures de son jeune âge; sans parler de lentes imprégnations de l'atavisme, on ne les lui rend pas claires et conscientes; non, on les ignore, on en fait table rase.... Quelle perte de temps d'abord, quand nos élèves fréquenteront l'école de si brèves années!... Et puis, ces enfants seront des ouvriers de la terre, de la mer, de l'usine : pourquoi donc ne point partir du milieu, de la région, du métier, de la vie enfin, pour les préparer à son intelligence complète et à son plus heureux exercice? Il ne s'agit pas ici d'un étroit utilitarisme : l'école régionalisée est, pour nous, la meilleure ouvrière de l'éducation générale. Celle-ci ne consiste pas, en effet, dans l'acquisition de connaissances nombreuses et diverses, destinées pour la plupart à un prompt oubli; elle est toute dans l'apprentissage, dans l'habitude, devenant instinct, des méthodes de recherche, d'observation, de jugement, qui donnent à l'homme, avec sa vraie dignité, la capacité d'acquérir et de se perfectionner sans cesse. Et ne voit-on pas que rien ne favorise plus, n'avance plus l'apprentissage de ces méthodes, pour l'élève qui nous quitte à douze ans, que les choses qui l'entourent, lui sont familières, celles de son milieu, de son petit pays, du métier paternel?

Et quelle action heureuse n'aurait pas encore l'école, par cela seul qu'elle ne semblerait pas ignorer la vie ordinaire et simple? Comment!

nous voulons donner à l'enfant une culture intellectuelle et morale, et cette vie ordinaire et simple — sa vie — n'y fournirait pas ses éléments? N'est-ce pas nous exposer au danger que notre enfant la croie d'une essence trop vulgaire, trop basse, et qu'il la dédaigne, et qu'élevé sans elle, donc au-dessus d'elle, il se « déracine » en la reniant?...

Ah! certes, nous sommes loin de telles pensées. Nous sommes du peuple et nous avons l'orgueil de rester peuple. Et nous comptons bien que l'enfant saura appliquer, au mieux de son destin personnel, les leçons de l'école. Mais, nous quittant si jeune, sera-t-il capable de cette adaptation? Non, c'est nous qui devons la faire. Nous devons élever à la dignité scolaire — comme ils ont la dignité réelle — les éléments naturels, historiques, professionnels, du milieu où nous enseignons. Que le coin de terre attire et retienne les enfants qui, normalement, doivent y travailler, par le prestige des souvenirs de l'histoire, par la beauté enfin révélée de ses paysages, par l'intérêt puissant et la noblesse aussi des besognes qui y déploient leurs gestes!

La matière est singulièrement riche, pour peu qu'on veuille et qu'on aime; et c'est le privilège d'ailleurs des méthodes vivantes qu'elles suggèrent de proche en proche les procédés, par une sorte de développement naturel. Les maîtres de la Haute-Marne ont affiché dans leurs classes un tableau d'économie ménagère et rurale, où ils inscrivent, mois par mois, les prix atteints dans la localité par les denrées de consommation habituelle. Nous voulions fournir à l'enseignement de l'arithmétique des éléments intéressants et vrais, et surtout rendre visibles aux enfants nos préoccupations éducatives et pratiques, leur donner l'idée des nécessités matérielles, aviver en eux le respect des parents qui peinent pour les leur assurer. Mais l'effet de ce tableau est intensifié par d'intelligentes initiatives. Dans telle école, ce sont les enfants eux-mêmes qui apportent chaque mois les renseignements, contrôlés par la maîtresse, et chacun possède le double du tableau affiché dans la classe. Pense-t-on que les mamans, que les pères ne soient pas rendus attentifs, ne soient pas gagnés à une école qui s'occupe ainsi de *leur* vie, à laquelle ils ont la fierté de fournir des éléments d'étude?

Ailleurs, un instituteur vivifie à souhait les données très précises sur l'agriculture et l'élevage haut-marnais, dont la précieuse collaboration du professeur départemental enrichit notre *Bulletin*. Il y ajoute la collaboration sur place d'un cultivateur ami de l'école; et dans la ferme, dans la grange, sur le champ qu'on moissonne, on vérifie les chiffres officiels : on évalue le poids de l'hectolitre de graines variées; on pèse la récolte faite sur une surface donnée et on calcule la production à l'hectare de différentes cultures.... Je ne prolonge pas ces exemples de l'école qui vit, élève, et « enracine »....

Et je voudrais que les maîtres, en goûtant leurs vacances bien gagnées, observent passionnément la vie, l'interrogent avec une foi joyeuse, pour apprendre d'elle par quels procédés et sous quelles formes ils la feront « rentrer » avec eux dans l'école renouvelée....

L'EMPLOI DU TEMPS

Voila un titre qui sonne la cloche de la rentrée...
Adieu bientôt, les longs et libres loisirs ! Mais
la rentrée aussi a des charmes : n'allons-nous pas
retrouver nos enfants ? Et nous nous sentons un
frémissement secret, à l'idée de reprendre notre
tâche de formateurs d'hommes. Allons, nous n'aurons pas perdu nos vacances : elles ont fait leur
œuvre récréatrice, renouvelé les forces, rajeuni
l'entrain. Rentrons donc, tout disposés au bon
travail.

Mais, pour que le travail soit bon, l'ouvrier, à
pied d'œuvre, contrôle ses outils ; l'architecte —
et nous bâtissons une maison vivante — vérifie ses
plans, revoit la répartition et l'emploi divers des
matériaux ; le guide — et l'éducateur, le pédagogue
ne sont-ils pas, au sens profond des mots, des conducteurs, des aiguilleurs d'âmes ? — étudie une
dernière fois sa route, établit les étapes, calculant
le temps et le viatique. Établissons, avec scrupule,
notre emploi du temps.

D'abord, parce qu'il est tonifiant, pour le maître
qui doit former la volonté de ses élèves et tâcher

de fonder en eux l'autonomie de la conscience, de commencer soi-même l'année par un acte de discipline volontaire. Les règlements scolaires nous enjoignent de dresser chaque année cet emploi du temps : faisons-nous un point d'honneur d'obéir, alors que personne ne pourrait constater la négligence.

Rien de plus commode en effet que de le recopier sans plus, de blanchir chaque automne la même façade ! Et même en connaissez-vous peut-être qui se contentent de signer le tableau du voisin : après tout, n'est-ce pas ? ce n'est pas *la Joconde*.... J'avise, un jour, au mur d'une classe enfantine, un bel « emploi du temps », flanqué d'une non moins belle — calligraphie, accolades — « répartition mensuelle des matières ». Morale, civilité, français, calcul, histoire, géographie, s'y équilibraient en savantes alternances ; mais les travaux manuels, les évolutions, fi donc ! et J.-J. Rousseau, Pestalozzi, Frœbel eussent été là bien reçus ! Quant au détail, je crus avoir la berlue : mais, rien qu'en morale, ces messieurs et dames de quatre à six ans, après avoir médité en janvier sur l'intempérance, s'être pénétrés en mai de leurs devoirs envers la patrie, s'être initiés en juin aux nécessités de l'impôt, étaient invités à contempler en juillet les beautés de la nature et l'ordre du monde... La maîtresse, devant ma stupeur, eut cette ineffable excuse que l'emploi du temps n'était guère là que pour la montre ; elle n'avait fait que recopier fidèlement celui de l'institutrice précédente. Celle-ci lui avait passé le fonds : l'emploi du temps, avec la salle et les élèves, et, en bon successeur, elle l'avait repris tout entier. Mais voici le plus beau peut-être : l'auteur de l'original, envoyée depuis peu à la tête d'une école, étant une de nos récentes normaliennes, je m'inquiétai naturellement de savoir comment, au sortir de l'école normale, de telles erreurs pouvaient être perpétrées. Et alors?... ce fut au tour de la jeune institutrice à protester qu'elle aussi, débutante craintive, n'avait fait que signer *la Joconde*, et elle envoyait pour preuve l'original primitif, l'archétype... Où en serais-je si j'avais poussé plus loin mes recherches généalogiques?...

Il faut que l'emploi du temps soit une œuvre personnelle. Ayons la fierté qu'elle le soit. Il n'y a pas deux écoles qui se ressemblent : ce ne sont pas les même milieux, ce ne sont pas les mêmes élèves, et en tout cas, quand les écoles se toucheraient, ce ne sont pas les mêmes maîtres. Pour le succès de l'éducation, pour la dignité de l'éducateur, la règle est toujours la même : *adapter*.

Mais l'adaptation est-elle possible, et les instructions officielles sur l'emploi du temps et la répartition des exercices ne guindent-elles pas l'école primaire dans un habit d'Arlequin uniforme? Il suffit de les relire pour voir qu'elles n'interdisent que les fantaisies qui sacrifieraient telle ou telle matière, et qu'elles n'emprisonnent pas, mais dirigent. Nulle part, elles ne posent de limites brutales, elles proposent : « environ, en moyenne, deux ou trois leçons, tous les jours ou tous les deux jours... ». Qu'est-ce à dire, sinon qu'il appartient au maître de se mouvoir, au mieux des intérêts de l'école, de son école, dans un cadre largement défini? La répartition proportionnelle des matières peut ainsi, dans la même classe, se modifier d'une année à l'autre, suivant les qualités d'esprit des élèves, suivant leurs progrès. Le maître doit entendre les instructions officielles en éducateur conscient, conscient de ses responsabilités propres, et en homme libre.

La répartition horaire est faite; il s'agit de combiner les suites ou les alternances des exercices. Il en est qu'il convient de grouper, d'autres qu'il faut opposer, mais non point suivant une fantaisie arbitraire, qui les sème aux cases de l'emploi du temps, au petit bonheur, pourvu qu'elle les remplisse. C'est la psychologie enfantine qui doit diriger la répartition, suivant deux principes : l'un, mécanique, si l'on peut dire, qui est le ménagement des forces ; l'autre, éducateur, qui consiste à contribuer, par l'ordre même des exercices, à la culture des qualités intellectuelles maîtresses : la logique et la clarté.

L'enfant est intrépidement logique. Le désorienter, c'est, en perdant son temps, lui enlever, et nous enlever le bénéfice de l'élan que nous lui avions donné. J'assiste à une leçon de grammaire au cours élémentaire. Sujet : l'interjection, les locutions interjectives. Au cours élémentaire, à des fillettes, dans une école mixte de campagne, après tous les arrêtés du monde sur la simplification de la nomenclature? Hélas! oui. Mais ce n'est pas cela : la leçon de grammaire conclue, l'institutrice lit à ses bambines le texte d'une dictée, puis pose cette question insidieuse : « Qu'avez-vous remarqué dans cette dictée? » Et une enfant de répondre — la logique — : « Des interjections ». Non, il n'y en avait pas une, et il s'agissait des formes du verbe à la 3ᵉ personne du singulier. Mais l'enfant avait, *a priori*, raison : la leçon de grammaire conditionnait la dictée. J'ai regardé la maîtresse et j'ai vu qu'elle comprenait.

Et la logique, dans le cours de la même leçon. Pensez-y, vous qui piquez la question, un peu au hasard de la fourchette. Le lendemain, j'écoutais une institutrice raconter aux petits d'un cours préparatoire les terribles invasions des Huns, « qui venaient en Gaule sur leurs petits chevaux rapides ». Et la maîtresse, tout de suite après cette phrase descriptive, interroge : « Est-ce qu'ils ont pris la Gaule? — Non, mademoiselle. — Pourquoi? » — Et une voix triomphante de logicien : « Parce qu'ils ne couraient pas assez fort!... »

Et maintenant, maîtres et maîtresses uniques d'une classe aux divers cours, redoutez la virtuosité stérile. Sans doute, il est méritoire d'occuper à la fois toutes ses divisions; mais tout est dans la manière. Combinez suivant une harmonie adroite leçons orales et devoirs écrits, fort bien. Mais écoutez : j'ai entendu cette année l'instituteurventriloque. Oui! Il aurait pu, avant la classe, écrire au tableau ses problèmes; mais, il les dictait, *à la fois*, à son cours moyen et à son cours élémentaire subjugués. D'une voix haute et claire, il lançait un bout de problème à l'un, puis, d'une voix basse et grave, une bribe d'énoncé à l'autre, puis il revenait au premier qui attendait, la plume en l'air, et tâchait de ne pas confondre les voix.... Et j'ai admiré l'institutrice-orchestre : elle dictait un texte au cours moyen, un autre au cours élémentaire, et faisait ânonner, dans les soupirs, le cours préparatoire.... Quel tintamarre de cervelles ! et pourquoi fatiguer ainsi, en se fatiguant, assourdir des intelligences délicates d'enfant?...

Vous me dites que ce n'est pas commode, et que l'emploi du temps idéal est encore à dresser ! Parbleu, je le sais bien ; et qui, faisant une classe, n'a pas ses maladresses? D'ailleurs, si l'emploi du temps idéal existait, je recommanderais de ne pas le suivre, car il supposerait que le progrès est fixé, que plus rien ne sera meilleur jamais dans la meilleure des écoles, — car, enfin, il ne serait pas le vôtre, il ne serait pas le mien.

Alors, cherchons tous, en nous pardonnant nos erreurs. Mais cherchons : « l'emploi du temps », ce n'est pas, en effet, un simple tableau administratif, c'est le régulateur du temps de nos élèves, le temps gagné, ou le temps perdu; et l'école primaire, si tôt, trop tôt quittée, n'a pas de temps à perdre. Il y a juste vingt ans, M. Ferdinand Buisson écrivait, en tête du premier numéro de la *Correspondance générale de l'instruction primaire*, ces trois lignes qui seront, si vous le voulez bien, la

« morale » de cette causerie : « Un instituteur qui
aurait trouvé le moyen de faire gagner à ses élèves
cinq minutes par jour de travail utile, serait un
bienfaiteur du pays ».

LE JOUR DE LA RENTRÉE

*L'Inspecteur d'Académie à Mesdames les Institutrices
et Messieurs les Instituteurs* [1].

NOTRE rôle est non seulement d'instruire, mais
d'élever. Nous devons ouvrir l'âme de nos
enfants au beau et au bien, faire éclore dans leurs
cœurs neufs le sens de l'idéal. Rien n'y est plus
propre que la commémoration des grands hommes
et des grandes choses. Or la France, depuis trois
mois, a offert à l'humanité tout entière le spectacle
d'étonnantes prouesses et d'épreuves tragiques,
d'où peuvent et doivent sortir pour nos élèves de
nobles et émouvantes leçons. Je désirerais donc
que, le jour de la rentrée des classes, vous consa-
criez votre première leçon de morale aux merveilles et aux deuils de la navigation aérienne.

Vous montrerez à vos enfants, en vous servant
au besoin des récits et des illustrations des journaux, ce spectacle saisissant de l'aéroplane du
Français Blériot volant au-dessus des flots gris du

1. Circulaire de rentrée. — *Bulletin de l'Instruction primaire
de la Haute-Marne*, septembre 1909.

Pas de Calais. Le vieux mythe d'Icare tentant de traverser la mer sur ses ailes de cire, cet antique rêve de l'humanité, qui semblait chimérique, de conquérir les cieux après la terre et la mer, s'est réalisé ce jour-là; et c'est un Français qui le réalise. Vous ne manquerez pas de faire admirer et sentir la beauté symbolique de l'atterrissage de Blériot sur les côtes anglaises, quand l'aéroplane, hésitant un instant dans la brume, incline magnifiquement ses ailes de mouette et cingle vers les trois couleurs déployées sur la falaise de Douvres : le signe de ralliement de la patrie! Exaltez alors à vos enfants les vertus énergiques de notre race; montrez-leur comme la vie humaine s'embellit par l'audace d'inventer et de créer; et magnifiez enfin la science qui, fécondée par ce génie audacieux de la France, permet à l'homme d'admirables essors. Menez ensuite vos enfants au champ d'aviation de Béthény; décrivez cette féerie des aéroplanes évoluant comme de monstrueux oiseaux dans le ciel étonné. Puis inclinez l'esprit de vos élèves sur les catastrophes qui voilent d'un crêpe de deuil les lauriers nouvellement conquis. Tour à tour c'est Lefebvre, Ferber, ce sont les pilotes du dirigeable militaire *République*, le capitaine Marchal, le lieutenant Chauré, les adjudants Vincenot et Réau, dont les noms s'inscrivent au martyrologe de la science. Mais de ces morts tirez encore une virile leçon; il est beau de mourir pour une noble cause, et ces victimes sont quand même des conquérants. Leur mort laisse à la science de nouvelles données;

chaque catastrophe a ses causes, qui, reconnues, suggèrent des perfectionnements, des progrès. Gloire aux héros dont le sang féconde l'avenir; leurs noms resteront dans la mémoire des hommes, tandis que leurs corps vont dormir dans les plis du drapeau illustré par leurs pacifiques victoires. Et comme pour montrer que l'audace humaine, que l'idéalisme français ne meurt pas, à l'heure même où la France pleurait les morts glorieux du *République*, un aviateur français, Latham, volait dans la tempête, le premier, au-dessus des terres allemandes, et tandis que l'aéroplane descendait comme un oiseau parmi les hourrahs, la musique allemande jouait la *Marseillaise*.

Voilà ce que je voudrais que vous disiez à vos élèves, le jour de la rentrée des classes, pour qu'ils commencent leur année de travail avec une émotion réchauffante au cœur et la volonté de faire courageusement leur devoir d'écolier, et de se préparer dès l'école primaire aux devoirs virils.

LE PREMIER CONTACT

LA rentrée, les premières minutes de la rentrée, le vrai maître les vit avec une émotion grave, où se mêlent indiciblement de la fierté, de l'anxiété, de la foi et de l'amour. Ces gamins, ces fillettes, boucles et cheveux ras, visages offerts ou fronts murés, ingénuités, ahurissements honnêtes, malices à l'affût, tout cela, c'est l'avenir qui vient vers lui....

Cerveaux à ouvrir, cœurs à échauffer : saura-t-il mettre un dieu dans ces tabernacles d'avenir?...

Eh bien! que le maître n'éteigne pas cette émotion, qu'il commence dignement, qu'il oriente tout de suite l'œuvre sacrée!

Mais quoi! ne faut-il pas faire l'appel de ces élèves, les coucher par leurs noms et prénoms sur les registres officiels, leur assigner des places sur ces bancs?

— Est-il si pressant de les immatriculer, de les numéroter, de les fixer, d'accentuer cette impression que c'en est fini de la liberté des vacances, de la place qu'on se choisit dans la maison de famille? A tout à l'heure les appels, et les registres et les places : « Asseyez-vous où vous voudrez, mes enfants; nous allons faire connaissance ».

Mais les livres, les cahiers, ne convient-il pas de les distribuer d'abord?

— Pourquoi? pour accuser sans délai le caractère factice de l'école, et mettre un intermédiaire sans visage entre ces enfants et ma voix, entre ces yeux et mes yeux?...

— Mais ne faut-il pas leur dicter la liste et le prix des fournitures indispensables?

— A tout à l'heure encore, nous avons bien le temps. Pourquoi prendrais-je ce faux air de vendeur du temple encombrant le parvis?...

C'est le moment de l'appel des âmes.

Le vrai maître regarde, avec un franc sourire d'accueil, ces enfants qu'il doit élever pour le travail fraternel.

Et il veut que cette heure, la première, reste dans la mémoire et le cœur de ses élèves une heure claire, celle de l'intelligence et de l'âme entr'ouvertes sur la vie.

Il va, laissant aux jours, aux années qui viendront leurs diverses et patientes tâches, essayer de dégager d'avance leur direction à toutes, de donner à l'enfant sans pédantisme, la première intuition de la conscience morale.

Comment?

Cela, c'est l'affaire de chacun, suivant le tempérament, l'inspiration, les ressources.

Mais le maître doit avoir l'ambition de faire sentir à l'enfant — et sentir, pour les œuvres de

vie, est peut-être plus important que comprendre
— le prix et la nécessité du travail, de la solidarité, de l'amour. Et voici, je pense, comment je
procéderais.

Je demanderais à mes élèves pourquoi ils
viennent à l'école, dans quel espoir ils vont étudier,
travailler. Je ne me leurre pas, les réponses seraient
peu nombreuses, si même j'en avais tout de suite
quelques bribes. Mais j'y mettrais le temps et le
sourire : aujourd'hui, il n'y a pas d'emploi du
temps qui tienne, je fais la mise en train. Au
besoin, je suggérerais les réponses; il ne s'agit pas
encore de méthodes, mais d'initiation. Et l'on
finirait sans doute par me dire que l'on vient à
l'école pour apprendre, afin de pouvoir plus tard
exercer un métier, gagner sa vie.

Je n'aurais garde de corriger l'égoïsme, d'ailleurs
sain, de ces réponses. Je suivrais la pensée de mes
enfants : « Comment apprendrez-vous à l'école? »
Et l'on dirait : « Avec des livres ». Je ferais voir
alors la matière du livre : papier, impression,
images, et l'esprit : la science. Je tâcherais, descendant à grands pas l'histoire de la pensée,
aujourd'hui imprimée et vulgarisée, jadis écrite et
aristocratique, plus loin encore figurée et hermé-
tique, au fond des âges enfin à peine exprimée par
une langue inexperte, et cette langue balbutiant
ses onomatopées primitives, — je tâcherais de
donner à mes enfants l'idée — non, l'émotion du
travail et du progrès indéfinis. Puis, je prendrais
sur mon bureau un de leurs humbles manuels, et

je m'efforcerais de leur faire comprendre quelles collaborations d'hommes et de siècles il a fallu pour qu'on leur y résumât une petite part des connaissances humaines....

Pourquoi ne leur donnerais-je pas ensuite un aperçu direct de l'organisation de la cité aboutissant à leur salle de classe, aboutissant à eux? Celui qui leur interprétera les livres, qui leur ouvrira la vie, c'est moi, l'instituteur : Comment suis-je devant eux, à leur parler, et, déjà, à les aimer?...

On peut imaginer à l'entretien une autre tournure.

Tel maître, dont le musée scolaire est riche en outils préhistoriques, trouvés, les beaux dimanches, sur le terroir de sa commune, passerait très bien de cet outil « intellectuel », le livre, aux instruments des œuvres matérielles; et il pourrait dérouler une émouvante histoire entre cette hache de fer bien emmanchée qu'on manie alertement en ce pays de bûcherons, et cette hache de pierre polie, ou ce coup de poing de silex, brandis, lancés aux forêts monstrueuses de la préhistoire.

Et pourquoi n'ouvrirais-je pas mes élèves au sentiment obscur de l'évolution de la cité elle-même? Je suis ambitieux? mais n'avons-nous pas la charge de l'éducation civique? Et mes élèves définiraient avec moi l'école obligatoire. Ne savent-il pas qu'on doit venir en classe vers sept ans, y passer quelques années, et ne connaissent-ils pas leurs aînés qui ont gagné leur certificat d'études?

Je leur dirais depuis quand l'école est obligatoire, et quels généreux efforts l'ont conquise au peuple de France, ont construit et meublé, dans ce village, cette classe, où nous nous sentons, ce matin, en famille....

Je leur demanderais alors : « Qu'avez-vous fait pour mériter tout cela? »

Et ils comprendraient, ils sentiraient qu'ils n'ont rien fait, qu'ils ne peuvent rien faire, mais que, plus tard, devenus hommes, ouvriers, soldats, chefs de famille, ils pourront, ils devront faire quelque chose, que, ne pouvant payer les morts qui ont peiné pour eux, ils feront aussi et de plein cœur toute leur tâche, dont profiteront ceux qui ne sont pas encore nés, mais qui, un jour, s'assiéront, comme eux, dans cette classe, un matin mi-voilé d'octobre....

L'enfant le comprendrait, le voudrait, d'un élan. Mais, pour bien travailler plus tard, pour gagner sa vie en méritant de vivre, c'est-à-dire en travaillant pour soi et pour les autres, que peut l'enfant d'aujourd'hui? Et c'est la règle morale de l'école qui se découvre : faire son devoir d'écolier, c'est se préparer à bien faire, c'est faire en puissance son devoir d'homme.

Tous les enseignements prennent ainsi valeur humaine; le travail étant un devoir, c'est un devoir aussi de se mettre et de se maintenir en état physique, intellectuel et moral, de le bien accomplir : « Alors, étudions de bon cœur, n'est-ce pas, mes petits hommes? »

Et pour finir je chercherais une belle lecture : tenez, cette page admirable du *Livre de mon Ami*, où s'évoque le progrès, si humblement, si divinement commencé dans la nuit des âges insondables. Et le finale sonnerait, grave et lent; et ce serait, à la voix harmonieuse et forte d'Anatole France, comme l'intronisation de la morale : « Nous serions moins généreux que les hommes des cavernes si, notre tour étant venu, nous ne travaillions pas à rendre à nos enfants la vie plus sûre et meilleure qu'elle n'est pour nous-mêmes. Il est deux secrets pour cela : aimer et connaître. Avec la science et l'amour on fait le monde. »

... Je m'arrêterais, je regarderais deux secondes mes élèves... et nous irions joyeusement en récréation.

LE COIN DES PETITS

LES PETITS PRISONNIERS

Ce sont les petits enfants des écoles maternelles, des classes enfantines, des cours préparatoires, pour qui je réclame un peu plus d'air, de mouvement, de joie. Il semble qu'une vieille tradition scolastique les voue au silence, à l'immobilité, à l'ennui. Voyez cette longue table massive, une de ces tables antiques où l'on tient dix, et qui m'évoquent invinciblement les bancs des galères. Des bambins y somnolent, serrés en brochette, ou griffonnent sur l'ardoise des chiffres et des lettres. Vraiment, je les admire d'être si « sages » et de ne pas rire, crier, se pincer !... Ou bien est-ce un « dressage » qui commence ?...

Sans doute, il n'est pas commode à une maîtresse chargée de toutes les divisions d'intéresser toujours les petits. Mais ne pourrait-on pas s'ingénier davantage, et ne pas croire surtout que rien ne soit digne de la classe, hors la lecture et l'écriture? Donnez-leur à compter, à trier des cailloux, des graines; qu'ils les rangent en tas, suivant la couleur; encouragez-les à dessiner des bons-hommes, des animaux, des maisons.... Et j'ai tâché de « débrocher » un peu mes bambins, de leur rendre un peu d'aise : « Voilà!... vous allez tous faire sur votre ardoise une maison!... » Ce n'est pas facile; on n'a pas l'habitude d'oser, d'être libres; et hier peut-être ces barbouillages étaient délictueux.... Enfin, j'excite, je me fais expliquer, je « comprends » quelques traits informes des plus hardis; et je retourne à l'exercice des grands. Cinq minutes après, je vois un de mes bonshommes en conversation sérieuse et discrète avec son voisin. Je m'enquiers, et le petit, d'un air ineffable : « Il savait pas... je lui montre ».

Ailleurs, le maître a réuni ses sections pour une leçon commune. Les élèves ont les bras croisés. Je déconseille cette attitude, qui comprime les poitrines; et l'on met les mains derrière le dos. Mais la leçon se prolonge : et les petits sont toujours là, trop sages, captifs des mots qu'ils ne comprennent pas, les mains liées....

Au moins la classe enfantine, l'école maternelle sont-elles destinées à ces petits. Mais depuis quand leur sont-elles douces? Leurs armoires ont enfin des jouets, mais en sortent-ils toujours? Ils se briseraient peut-être!... Il faudrait les remettre en place.... Comme si on ne pouvait pas habituer les enfants au soin et à l'ordre, et que cela ne valût pas quelques jouets cassés!... « Vos enfants n'ont

donc pas de jouets pendant la récréation, madame?
— Monsieur l'inspecteur, ils ont des cerceaux. —
Eh bien! ces cerceaux?... — Ah! c'est que... on
recharge la cour, et nous avons peur qu'ils ne
tombent et se blessent. — Soit, mais en temps
ordinaire, vous les leur donnez? — Oh oui!
monsieur l'inspecteur. — Pourrais-je les voir? —
C'est que... ils sont dans la salle de débarras, et
vous vous salirez peut-être.... — Mais non! allons
voir. » Les cerceaux sont en pile, sous une épaisse
couche de poussière : « Il me semble, madame,
que vous avez commis tout à l'heure une légère
erreur... ». Et je ne gagerais pas que, depuis mon
passage, les cerceaux soient sortis.

Mais la pire prison est celle des mots et des
signes! Une mauvaise fée y a-t-elle voué nos
enfants? On oublie trop encore que le programme
de l'école maternelle place au sixième rang, le
dernier, les premiers éléments de la lecture, de
l'écriture et du calcul. Et l'on syllabe, et l'on
ânonne, et l'on répète et déforme des séries inter-
minables de lettres et de chiffres. D'où vient
le mal? De l'ancienne salle « d'asile » pour les
petits déshérités, que la lecture et l'écriture pré-
maturées pliaient à l'ennui et à la patience? Est-il
cultivé par les préjugés des parents, férus d'éducation formelle et rêvant de petits « prodiges »?
Oui, souvent; et ces préjugés trouvent des flatteurs : une directrice d'école maternelle s'enten-
dait ainsi chanter, par une maman mécontente, les
louanges de l'école privée : « Le petit X...., qui a

quatre ans et demi, sait déjà lire et compter, et il pleure lorsqu'on ne l'interroge pas. Dans votre école, au contraire, *mon enfant ne fait rien, il ne sait même pas ses lettres!* » — Et moi, je m'écrie à mon tour : « Enfin! voilà une école maternelle où « on ne fait rien! » L'excellente directrice, qui a compris que l'enfant, jusqu'à six ans, a bien assez de découvrir ses sens, de les faire jouer, de s'ouvrir à la vie, et de vivre! »

Je ne méconnais pas d'ailleurs les progrès de l'école maternelle et de la classe enfantine et le dévouement de leurs maîtresses. Les leçons de choses, plus nombreuses, alternent avec les petits travaux manuels, les chants, les évolutions. Mais nous sommes encore loin de compte : car il ne s'agit pas seulement (bien que ce soit déjà beaucoup) d'intéresser le petit enfant, en le rendant heureux, mais encore de cultiver son intelligence et son cœur, de le préparer à l'école et à la vie, et pour cela, de lui donner l'habitude et le besoin de l'activité personnelle.

Et l'on se récriera : « Tout cela à l'école maternelle? L'activité personnelle de bambins de cinq ans!... N'est-ce pas assez, n'est-ce pas tout de leur apprendre les mots les plus simples, de leur expliquer des images, de leur montrer des objets, qu'ils nommeront correctement? » — Soit, mais ils ne font que recevoir, plus ou moins passifs, vos idées, vos mots, et je voudrais qu'ils trouvent et expriment les leurs.

Est-ce possible? — Voulez-vous entrer avec

moi au *Jardin d'enfants* de Thivet (Haute-Marne)?
— C'est peut-être le même où M. Félix Klein
conduisit son filleul, et je conseille vivement aux
institutrices maternelles, et aux autres, la lecture
de son récent volume, aussi attrayant qu'un roman,
et si suggestif d'une pédagogie vivante, vivifiante :
Mon filleul au Jardin d'enfants. On y soigne les
petits, pareils à de délicates plantes ; et comme il
est plus joli, ce nom frœbelien, que celui, austère,
qui impose presque le contresens éducatif, d'*école*
maternelle ! Nous n'y assisterons qu'à un seul
exercice, et vous jugerez.

Appelés autour de la maîtresse — pardon ! de
la « jardinière » — une dizaine d'enfants, de
quatre à sept ans, apportent chacun leur petite
chaise et forment le cercle. « Fermez les yeux,
dit Mlle B..., et je vous mettrai quelque chose
dans la main. » Il faut voir alors les mines futées,
les paupières closes à force, mais qui parfois
entr'ouvrent une petite fente curieuse. Et chacun
reçoit une fleur de pissenlit passée graine, qui
irradie au bout de sa tige en un globe léger d'aigrettes. Les yeux s'ouvrent : « Des ballons ! » Et,
comme de juste, tous se mettent à souffler sur
leurs ballons : des aigrettes s'envolent, et si la jardinière n'intervenait, la leçon — non, la découverte — s'envolerait avec elles. Mais elle ne défend
pas : « Ne soufflez plus ! » Elle suggère et intéresse la volonté : « Nous allons voir qui en
gardera le plus ». — Du coup, tous s'arrêtent. Et
la jardinière va *faire observer* la graine du pissenlit ;

chaque enfant en tient une, précieusement, et l'un ou l'autre *trouve* la place de la graine, sa couleur, sa forme.,.. « Et qu'y a-t-il au bout de la graine? » Les uns disent : « des poils », d'autres : « des fils ». Et pour que la figure de la graine coiffée de son aigrette soit acquise par la main, après les yeux, un enfant la dessine au tableau noir.

Mais la jardinière veut faire trouver la raison d'être des petits fils (remarquez que le mot savant d'aigrette n'est pas prononcé ; il n'est pas enfantin).... Pour le coup, c'est difficile.... Biaisons : « Vous avez vu le jardinier, l'autre jour, semer des graines de radis. Qui est-ce qui sème les pissenlits? — Personne! » disent les enfants. — Mlle B..., alors, souffle sur les aigrettes, et un bambin s'écrie, avec l'enthousiasme d'un Archimède : « Ça vole avec les petits fils! » Et tous ont trouvé maintenant : « Mademoiselle, c'est le vent! » Et la jardinière, qui sait semer encore des graines de poésie et de méditation, qui lèveront plus tard, dit simplement : « Le vent travaille aussi ».

L'exercice dans la classe est fini, mais les aigrettes jonchent le parquet : eh bien! voilà « Jean, qui a soufflé le plus, va les balayer ». Et Jean, calme et digne, fait son office.

Mais il y a, dans la grande pelouse, des pissenlits en graines! Allons donc voir au jardin, dans la grande pelouse, « si le vent sème ». Et on y va, en scandant une marche, avec un chant qui célèbre le printemps.

Est-ce joli? complet? et aussi éducatif que charmant? L'enfant observe, agit, trouve, invente.....
Découvrant les choses lui-même, c'est lui-même
aussi qu'il découvre; et il apprend à être *lui*.....
Pourrait-on, après cette première éducation d'impressions franches, d'activité libre, oserait-on lui
infliger encore un enseignement de formules, une
mnémotechnie abstraite?... Et plus tard, dans la
vie civique, aurait-il « l'esprit du troupeau », ou
donnerait-il au bien commun sa personnalité
consciente?... Et ainsi ne serait-ce pas l'avenir de
la race et du pays qu'orienterait le modeste jardin
d'enfants?...

Je sais bien l'objection désenchantée : le
nombre! Nos écoles maternelles sont surpeuplées;
et ne décourageraient-elles pas les meilleures
« jardinières »?... Du moins, ayons leur esprit, et
prenons ce que nous pouvons de ces méthodes
libératrices..... Et comment la France démocra-
tique se résignerait-elle enfin à une éducation
étriquée de ses enfants, elle qui vient de fêter
Rousseau?...

L'ÉCOLE FLEURIE[1]

Dans cette expression d'École maternelle, il y a un mot que j'aime, autant que l'autre me déplaît. Le mot aimable, touchant, c'est celui de *maternelle* : il dit que l'institutrice des tout-petits tient auprès d'eux la fonction délicate et douce, et si difficile ! que trop de mères ne peuvent ou ne savent pas remplir. Mais *école* ! L'école, cela évoque tout un programme de choses à apprendre, des leçons et des exercices, et encore des exercices et des leçons. Cela évoque aussi tout un système disciplinaire, suivant lequel en des mouvements prévus d'avance, on marche, on s'assied, on se lève... ensemble. Les pauvres petits ! juste ce qu'il y a de plus contraire à la naïve expansion de leurs activités neuves et libres ! Mais a-t-on jamais vu qu'une maman fasse l'école ?

J'en veux à ce mot d'école qui a sans doute induit en erreur plus d'une institutrice maternelle, et lui a fait oublier, ce qu'elle sait par cœur, qu'elle élève, plus qu'elle n'enseigne, dans un « établis-

1. *L'Éducation enfantine.*

sement de *première éducation* où les enfants des deux sexes reçoivent en commun les *soins* que réclame leur développement physique, moral et intellectuel [1].

A l'étranger, l'école des tout-petits s'appelle d'un nom frais, évocateur d'une liberté gracieuse suivant la nature, le jardin d'enfants. Les enfants y croissent, fleurs de vie, parmi d'autres fleurs.... Mais rien ne nous défend à nous, puisqu'école il y a, que nous fleurissions l'école. Mettons aux barreaux de la cage, pour qu'ils en disparaissent, des fleurs, du feuillage... *du mouron pour les p'tits oiseaux!*...

Je ne décrirai pas l'école fleurie : la décoration change avec les locaux. Je désirerais bien qu'elle épanouît au dehors, le long de ses murs, une parure de plantes grimpantes et de treilles. Je me rappelle toujours avec plaisir la vieille classe où j'enseignais jadis au lycée de Nevers, pour son mur tapissé d'un luxuriant jasmin, qui faisait sur ma porte une retombée parfumée, étoilée de blanches corolles. Cette façade riante de notre jardin d'enfants ferait le fond d'une cour ombragée de grands arbres, où des pelouses, des bassins de sable, inviteraient aux jeux.....

Mais la décoration intérieure est toujours possible. Aux murs, dissimulant l'attache des pancartes réglementaires, s'agrafant aux tableaux, etc., des nœuds ou guirlandes de lierre sont du plus

---

1. Décret du 18 janvier 1887, article I". L'ordre des termes : « physique, moral et intellectuel », serait aussi à remarquer.

gracieux effet. On les peut remplacer, suivant les saisons, par des branches de houx, de hêtre, de tremble, des épis…. Mais l'élément indispensable de cette décoration est le bouquet, qui se pose sur la table de la maîtresse, au point où sont naturellement attirés les yeux des enfants.

Me permettra-t-on de désirer que ce bouquet ne soit pas une boule massive de fleurs serrées les unes contre les autres, aux tiges coupées court? Les fleurs sont infiniment plus belles, quand, d'un vase au col élancé, elles s'élèvent à l'aise sur de longues tiges ou s'infléchissent gracieusement suivant leur port. Elles font alors une impression de liberté élégante, qui n'est pas à dédaigner pour l'éducation esthétique et morale. Mais aussi elles rappellent davantage la plante, elles sont plus *vraies*; et ce mot souligné avertit mes lectrices que je crois à la valeur pédagogique de l'école fleurie.

Les pédagogues moroses, qui redoutent un peu qu'une classe s'égaie de feuillages, de fleurs, de fruits, de gerbes, et se plaindraient volontiers que ces objets frivoles détournent l'attention des enfants, comment ne voient-ils pas que ces objets, porteurs de beauté, sont encore parmi les auxiliaires les plus précieux de la première éducation? Nous chargerions, en effet, pour une bonne part, l'école fleurie de la culture de l'observation. Nul ne doute que cette culture soit la seule forme que puisse prendre l'éducation intellectuelle à l'école maternelle et dans la classe enfantine. Les petits — et si longtemps, les grands! — ne vivent que par les sens. Leurs yeux, leurs mains, leurs oreilles, leur bouche, leur nez, voilà ce qu'il faut *intéresser*, ce qu'il faut *rendre conscient*. Ils sont riches de sensations spontanées, mais passives; il faut les leur faire retrouver, exprimer, fixer, les leur acquérir comme les premiers matériaux de leur vie intellectuelle.

Et je dis que le vase du bureau de la maîtresse devrait être, à ce titre, une pièce obligatoire du matériel de l'école maternelle. A lui seul, il peut donner aux enfants la preuve colorée des richesses et de l'infinie variété de la nature. Voici les pampres de l'automne, les glycines rougies, les rameaux où chantent les gammes des verts, des ocres et des rouges, les chrysanthèmes, les colchiques, frêles « veilleuses » des prés recueillis avant le grand sommeil blanc d'hiver. Et l'hiver à son tour se raconte dans ces branches mortes mêlées à la verdure tenace du houx, dans ces touffes de gui, dans les perce-neige qui annoncent le printemps. Voici maintenant les primevères, les violettes, les branches légères du saule, du coudrier, avec leurs houppes d'or blond, les premières églantines, « les grelots d'argent du muguet », les thyrses de lilas; puis éclate la floraison prodigue de mai et de juin. Et les jeunes champs ont offert ces tiges frémissantes de verte avoine, de blé, ce sarrasin en fleurs; les vergers, ces rameaux de cerises.... Et voici enfin, parmi les coquelicots, les bluets, les nielles, les moissons que le soleil a dorées.... Ainsi se révèle à l'enfant l'évolution de la vie inépuisable. Je voudrais que chaque semaine renouvelât son modeste bouquet, et que ce bouquet fût comme « le centre d'intérêt » des causeries, des suggestions sensibles que doivent être les leçons de l'école maternelle.

La fleur, le rameau, l'épi, le fruit, peuvent être la matière d'exercices qui stimulent presque tous les sens. Les yeux d'abord sont intéressés par les couleurs et les formes. Mais la maîtresse se rappelle que les yeux ne sont pas les seuls instruments de l'observation. Elle fait toucher, goûter, sentir, — et nommer, répéter ce que l'on voit, touche, goûte ou sent. C'est là, en même temps qu'un apprentissage des sens, un frais et sûr exercice de vocabulaire. Elle s'assure, par des comparaisons avec d'autres objets de la classe (couleur, qualités tangibles de la matière), que la sensation est bien acquise, qu'on la reconnaît, qu'on l'applique à des objets similaires ou différents : et c'est là, non seulement un exercice de contrôle et de correction des sens, mais sans qu'on s'en doute, sous forme de jeu, les rudiments de l'abstraction et de l'analyse.

L'exercice de vocabulaire appelle tout naturellement l'exercice de langage. Tous ces objets naturels sont connus : les petits campagnards les ont vus dans la nature elle-même; les petits de la ville ont les squares, les jardins, les étalages, les petites voitures des marchandes. Quoi de plus intéressant pour la maîtresse que de demander aux enfants ce que ces fleurs, ces fruits, ces rameaux leur rappellent : en ont-ils vu, cueilli, goûté? où? quand? Et les petits se rappellent, osent parler, s'excitent : exercice de langage, pépiements d'oiseaux sur des fleurs et des branches... tout cela, grâce au bouquet.

Qui empêche maintenant la maîtresse de conter une gentille histoire? Oh! pas la pauvre petite histoire moralisatrice. La nature dirait fi. Non, une histoire simple et jolie, mettant en scène des enfants, des bêtes, dans la saison, dans la vie : le décor est debout, évoqué, planté par les enfants.

Mais ne laissons pas trop longtemps immobile notre petit monde. L'exercice de vocabulaire, l'exercice de langage auront été, au contraire, animés. Rappelons-nous que le mouvement est nécessaire à l'enfant, et qu'il serait anormal, autant qu'inhumain, de le garrotter à sa place par une discipline prématurée. Mais disons surtout que le mouvement, le geste, sont des auxiliaires aussi de l'éducation des sens. Aux questions indiquées tout à l'heure pour l'exercice de langage : « En ont-ils vu, cueilli, goûté? où? quand? » pourquoi n'ajouteriez-vous pas « comment? » et ne susciteriez-vous pas le geste et la mimique? Je me souviens d'une classe animée soudain par la grand'mère de tous nos petits, vous avez toutes nommé Mme Kergomard. « Avez-vous cueilli des fraises? Comment? » — « On se baisse. » — « Baissez-vous : cueillez une fraise. » La petite, hésitante, se penche, la main au ras du parquet. Toutes les frimousses étonnées se tendent. — « Sortez des tables : cueillez toutes des fraises.... » — « Et maintenant vous cueillez des poires !... Comment faites-vous?... Bon, une qui lève le bras.... — Très bien !... Cueillez toutes des poires !... Mais, est-ce que vous êtes assez grandes pour cueillir des poires? » — « Non, on monte sur une échelle », crie une petite voix. — « Eh bien ! montez sur les tables.... Cueillez toutes des poires ! » Et ce fut une adorable leçon de choses, une gymnastique saine, un intermède joyeux, la répétition consciente aussi — soyons pédagogues — de gestes caractéristiques confiés à la mémoire motrice, un procédé vivant de l'éducation des sens.

Pour finir, n'avez-vous pas une ronde, qui chante la saison et la cueillette de la fleur, du rameau, de la gerbe, du fruit? Nouez-la autour de la classe, qu'elle y tourne, y farandole; et si, soudain, elle passe le seuil et, chantant la nature, s'en va dans la nature, ce sera tant mieux. Et Rousseau, qui menait Émile cueillir des pervenches dans les haies du printemps, l'ombre de Rousseau, mesdames, vous sourira....

LA BEAUTÉ POUR LES PETITS[1]

Si nous nous donnions le luxe de trouver, dans Platon, une approbation anticipée des évolutions, des rondes, des chants mimés de l'école maternelle et de la classe enfantine? L'antiquité et l'autorité du témoignage ne seraient pas sans doute pour déplaire. Le voici donc, au livre III de la *République* : « La musique, dit Platon — (et l'on sait que sous ce terme de musique, les Grecs entendaient les trois arts de l'expression animée : poésie, musique et danse) — la musique est la partie principale de l'éducation, parce que le nombre et l'harmonie s'introduisant de bonne heure dans l'âme du jeune homme, s'en emparant, y font entrer à leur suite la grâce, la beauté et la vertu. Et cela *dès l'âge le plus tendre*, avant que d'être éclairé des lumières de la raison. Et quand la raison sera venue, il s'attachera à elle aussitôt, par le rapport secret que cet art aura mis entre la raison et lui. »

On ne peut mieux dire le principe commun de l'esthétique et de la morale. Qu'il s'agisse d'une

---

1. *L'Éducation enfantine.*

œuvre d'art à réaliser par la couleur, la matière plastique, le son ou le mouvement, d'une vie à organiser, d'une cité à construire, rien de beau ni de bon ne peut s'établir en dehors de l'équilibre, de l'harmonie, de l'ordre. L'art suggère ainsi la morale. De l'un à l'autre, les impressions, les émotions, les admirations se transposent : l'homme, pénétré des influences sereines de la beauté, sent le besoin de mettre « l'harmonie et le nombre », l'ordre, dans sa conduite.

Ainsi, ce n'est pas une superfétation que l'éducation de la beauté; mais elle doit, au contraire, précéder, préparer, renforcer l'éducation de la raison; et l'on voit quelle peut être, pour la formation des enfants du peuple, qui ne reçoivent guère nos leçons qu'à l'âge sensible, l'importance de « l'art à l'école ».

De tous les arts peuvent évidemment émaner ces suggestions d'harmonie et d'ordre. Mais il en est qui conviennent plus spécialement à l'école maternelle et à la classe enfantine.

Pouvons-nous compter, pour cette insinuation de la beauté éducatrice, sur le tableau, ou plus exactement — étant donné notre budget — sur la gravure et l'image? Sans doute une composition bien équilibrée, l'expression large et synthétique, la mise en valeur du caractère, les oppositions de lumière et d'ombre, le jeu délicat des couleurs nuancées par une atmosphère qui baigne et harmonise tout, peuvent éveiller des impressions sereines. Mais ne sont-ce pas des privilégiés de l'éducation esthétique, à qui l'œuvre d'art peinte révèle ainsi ses leçons secrètes? Trop d'hommes faits, devant elle, ne sont sensibles qu'au sujet, ne comprennent pas le paysage et ne s'intéressent, du dehors, qu'à l'anecdote banale du tableau de genre. Quoi d'étonnant qu'à nos tout petits l'image artistique ne dise rien?

Remarquez qu'il y a dans l'image une convention qui la rend difficile à comprendre à nos bambins : elle représente sur une surface plane des objets qui, dans la réalité, ont les trois dimensions. Nous sommes habitués aussi aux jeux de la perspective, parfaitement inintelligibles aux enfants. Mais surtout les petits sont absolument inhabiles à saisir l'ensemble d'un tableau. Ce n'est pas avant l'âge de trois ans que des enfants, éveillés, intelligents, commencent à reconnaître la représentation simple d'un seul objet. Ils désignent, de leur petit doigt, un «bonhomme», une «dame», un cheval, un chien, une « cocotte », et même font-ils parfois des confusions bizarres. Mais ils sont, pour longtemps encore, inaptes à embrasser une scène, si simple soit-elle; et le paysage leur échappe tout entier. Et comme c'est justement l'équilibre d'une composition, l'harmonie de ses détails, vus par conséquent dans leurs rapports et d'ensemble, qui peuvent produire l'impression esthétique et morale on voit qu'il ne faut pas compter, à l'école maternelle au moins, sur l'œuvre d'art peinte pour insinuer dans l'âme des petits l'influence de la beauté.

Sans doute, on ne bannira pas les croquis au

tableau noir, les illustrations de récits, de fables, les imageries d'enfants : elles intéressent vivement, suscitent l'attention de petits, précisément parce que ces imageries ne sont pas des compositions et qu'elles accusent des détails. Mais il n'y a là qu'un procédé d'enseignement, qui aide et stimule les sens et l'intelligence naissante; il ne s'agit pas d'esthétique.

Il convient pourtant de recommander de ne pas laisser en permanence sous les yeux des enfants ces esquisses, ces images, destinées à animer d'une vie rapide les causeries de l'école maternelle, ni surtout de décorer les murs de médiocres chromos : nous pourrions en retarder le moment de la compréhension esthétique. Les seules gravures à admettre aux murs de l'école maternelle devraient être de pures têtes d'enfants, ou de femmes, ou encore des groupes, très simples, accessibles à l'enfant par leur simplicité, et cependant artistiques.

Ces têtes, ces petits groupes ont aussi le mérite de se modeler déjà sur la toile ou le carton, comme s'ils se dressaient dans l'air avec leurs formes et leurs contours. Et nous voici toucher aux arts plastiques, qui matérialisent les attitudes et le mouvement. Je crois la statuaire beaucoup plus intelligible à l'enfant que la peinture. D'abord, elle est moins conventionnelle : la convention n'existe plus, pour l'ordinaire, que dans la réduction du modèle. Et cette réduction n'embarrasse pas l'enfant; il suffit de le voir jouer à la poupée ou aux soldats de plomb. Puis la statue, le buste, le bas-relief même, ont des formes visibles, tangibles, qui évoquent la vie. Ils offrent à la compréhension de l'enfant un objet simple et facile à saisir. Traduisant des expressions animées et surtout des gestes, ils contentent le goût qu'il a du mouvement. Et peut-être trouverait-on là un argument en faveur des petits exercices de modelage, auxquels il faudrait mettre au plus tôt nos bambins. Voyons-y en tout cas une indication pour la décoration de l'école maternelle et de la classe enfantine. Rien de plus beau, sur une armoire, sur une tablette, que la ligne blanche d'une statuette, le fin modelé d'un buste, le galbe pur d'un vase, où, suivant la saison, des feuillages, des fleurs dressent aussi dans l'air leur plastique vivante et colorée.

Malgré tout, l'influence éducatrice est encore ici incertaine et lente. L'eurythmie de l'œuvre plastique est très fine à sentir; et les enfants ne perçoivent sans doute que la signification la plus extérieure, élégante ou forte, triste ou gaie, de l'attitude et du geste. Admettons que l'âme subconsciente puisse être obscurément impressionnée par de belles proportions, et que ces impressions éclosent un jour en fleurs plus précoces de grâce et de pureté morales. Mais peut-on l'espérer pour d'autres natures que les plus délicates, et celles-là même ne pourraient-elles pas être stimulées d'une manière plus active et plus sûre?

C'est que nous n'avons noté jusqu'à présent que des émotions contemplatives, où la vue est le seul sens intéressé, et qui supposent une prolongation d'attention sur place, dont le petit enfant est incapable. L'enfant est la mobilité même, tant la vie jeune surabonde en lui; et d'autre part, cette vie est trop, si l'on peut dire, à fleur des sens, pour qu'on ne doive pas les occuper tous aux premières œuvres délicates de l'éducation. Il faut donc que les leçons de la beauté s'assimilent de façon vivante, que le rythme entre par les yeux, la voix, les oreilles, le mouvement, que la contemplation cède à l'action, que l'enfant s'incorpore le nombre et l'harmonie.

Et telle est justement la vertu de la poésie, du chant, des évolutions rythmées, qui sont les grands arts, la « musique » de l'école maternelle. Ils ont d'ailleurs cet immense avantage d'être la commune richesse esthétique des écoles. Dans les plus déshéritées, qui n'ont ni statuettes ni gravures, le poème peut toujours sonner, le chant vibrer, et la gymnastique légère, la ronde jolie, la marche cadencée, mériter l'antique louange de Platon.

Le but de nos petits exercices de récitation, c'est donc d'apprendre à nos bambins le rythme. Par là se trouve bannie une conception, bien archaïque d'ailleurs, qui leur donnerait comme fin unique la culture de la mémoire. Nous habituerons nos petits à une prononciation exacte, qui accorde aux sons leur valeur, nous empêcherons le bredouillis qui les confond ou qui les « mange », puis nous les exercerons à cadencer le vers, sans monotonie, suivant les exigences du sens, qui, dans un bon poème, sont également celles de sa musique; et nous leur aurons évidemment donné l'exemple, en leur récitant d'abord, après une préparation toujours délicate, la strophe, le petit morceau, qu'ils répèteront ensuite avec nous.

Remarquez d'ailleurs que la culture physique est aussi intéressée à cet apprentissage du rythme. La bouche, le gosier s'ouvrent pour prononcer les sons, le souffle ne s'embarrasse plus, la poitrine s'enfle et s'abaisse suivant la mesure du vers, et les cadences marquent les repos de la voix, pendant lesquels les poumons refont largement leur provision d'air. Tout le petit être, esprit et corps, est en équilibre; « l'harmonie et le nombre » opèrent en lui.

Un exercice excellent encore, c'est la récitation en commun, qui suit et assure les récitations individuelles. Elle demande en effet plus d'exactitude, plus d'ensemble, par conséquent une prononciation plus lente et des cadences plus marquées. En outre, qui dira les impressions moralisatrices qui émanent obscurément de cette véritable « solidarité » rythmique?

Les bons résultats de la récitation, le chant nous les donne aussi, et il n'y a pas lieu d'insister. Il est d'ailleurs plus facile aux enfants de chanter que de réciter, car l'air impose ici la cadence. Chantons donc beaucoup à l'école maternelle, non seulement parce que le chant égaie, mais parce qu'en même temps il éduque. Mais c'est à la condition qu'il soit large et simple : la virtuosité est un peu l'exception et le caprice; et du reste, à l'âge de nos petits, nous n'en serons pas tentés. Donnons souvent la préférence aux vieilles rondes. Simples et jolies, elles ont de plus l'avantage, ayant été chantées par des générations, d'être comme entrées dans notre hérédité; et l'enfant « retrouve » pour ainsi dire leur rythme; et l'impression que pourraient propager en lui leurs cadences, est renforcée des impressions des ancêtres, avec qui il entre en communion.

Mais les rondes ne se chantent pas seulement : on les mène, on les danse; et la danse, la gymnastique est la troisième de nos maîtresses d'harmonie. N'est-ce point par elle que le rythme est le plus visible, le plus actif? Les marches, les évolutions, les mouvements qui assouplissent le corps, sont aussi très jolis à l'œil; et tandis que les membres se meuvent en mesure, les esprits se laissent pénétrer de l'harmonie développée en commun.

L'éducation est favorisée, si ces exercices sont accompagnés de musique. En Amérique, tout gymnase a son piano, qui souligne et conduit les mouvements d'ensemble. Le piano, l'harmonium, le violon, devraient jouer un rôle dans nos leçons de gymnastique. Mais la plus pauvre de nos classes peut toujours avoir le chant pour accompagnateur. Marchons, nouons des rondes, en chantant. Et surtout n'oublions pas ces chants mimés par les gestes de nos petits, si fragiles, si gracieux, et qui sont peut-être, à l'école maternelle, l'expression la plus complète de la « musique » platonicienne.

Quelle maîtresse, puisque l'on éduque en récitant, en chantant, en dansant, oserait vouer ses petits élèves à l'immobilité et au silence, pauvres enfants « sages », enchaînés à des murailles d'ennui? *La musique est la partie principale de l'éducation* : répétons-le, mettons-le en pratique. Et vous voyez que ce n'est pas si compliqué, « l'art à l'école »!

LES BEAUX PROBLÈMES

J'AI trouvé dans une école rurale, un coin de fraîcheur et de poésie bien inattendu.

Ce coin, c'est celui où sont groupés, pour la leçon de calcul, devant le tableau noir, les dix bambins, fillettes et garçonnets de cinq à six ans, d'un cours préparatoire. L'école est mixte, à un seul maître. L'instituteur a distribué leurs tâches à son cours moyen et à son cours élémentaire; et il est assis au milieu de ses bambins, intéressés par le jeu des bûchettes, avec lesquelles ils figurent, en même temps qu'ils les lisent, additionnent, soustraient, les petits nombres écrits d'avance au tableau noir. Les plumes des grands bruissent sur les cahiers; je suis accoudé au bureau du maître; et je regarde, au-dessus du cours préparatoire, par la fenêtre claire, la colline que gravissent des bois violets et roux, traversés çà et là du fût d'argent d'un bouleau, et au bas desquels la rivière coule fraîche, entre d'étroites rives.....

Et je ne sais si la fenêtre aussi l'inspire, mais le maître *invente* soudain de jolis problèmes, amusants, vivants, qui ont l'attrait de la réalité, le charme d'une histoire enfantine, et me font penser à ces poésies japonaises qui peignent et évoquent en deux vers.

« La maman d'André » — André sourit, et ses camarades le regardent — « la maman d'André fait des fromages. Elle en a fait dix.... » — Les yeux ont l'air de dire que c'est beaucoup. — « Une personne de B... (le village prochain) est venue en acheter quatre. Combien en reste-t-il? » La réponse arrive, triomphante. C'est qu'aussi, il est amusant de compter mentalement les bons fromages qui sont la renommée du pays, et que la maman d'André fabrique!

Mais aussitôt le maître reprend leur attention frétillante : « Il y avait sur le toit six beaux pigeons... ». Il a dit cela, le maître, avec un petit air d'admirer les beaux pigeons, au col changeant, aux ailes claquantes. Il s'arrête une seconde, tous les yeux regardent et rient. « Quelqu'un a fait du bruit.... » — Oh! disent les enfants. — « Il s'en est envolé trois. Combien en reste-t-il?... » — N'est-ce pas là plus que du calcul mental, mais, suivant le mode simple qui convient à leur âge, l'excitation de toutes les facultés imaginatives de ces petits?

Et je note encore, textuellement comme les autres, ce troisième, dirai-je *problème*? Le mot évoque d'ordinaire des chiffres si secs et si froids! « Dans un nid, un joli nid de fauvettes, il y avait cinq petits. », Cet imparfait annonce le drame proche, et les sourcils relevés montrent qu'ils l'at-

tendent. « Un vilain dénicheur en a pris quatre.
Combien en reste-t-il? » Et, la réponse trouvée, le
maître ajoute : « Que pensez-vous de ce vilain
dénicheur? » Et les enfants indignés : « C'est un
méchant!... C'est un voleur!... »

La voilà bien, la leçon, ou plutôt la suggestion
morale, sincère, directe, jaillie au hasard de la
rencontre, et que le programme recommande justement, au cours préparatoire, de « mêler à tous
les exercices de la classe ». Tout cela a été franc,
aisé, sans prétention, pas plus long que ces notes.

Et j'ai serré la main à ce vrai maître, qui aime
la vie, l'évoque, la suggère, réelle, belle, bonne,
— à ce poète qui s'ignore.

Et dire que, l'autre jour, j'ai vu, dans une école
maternelle, — vous avez bien lu : maternelle,
dirigée par une femme, que l'on croirait devoir être
facilement une maman, sachant conter et rire, —
j'ai vu affiché un beau programme méthodique de
morale, avec cette leçon... oui, je lis bien...
« distinction de l'âme et du corps »!...

LA MORALE :
ENSEIGNEMENT OU ÉDUCATION ?[1]

Comme il est difficile d'obtenir que l'école maternelle et la classe enfantine ne soient pas de
vaines et ridicules contrefaçons de l'école primaire! Pas plus tard qu'hier, j'ai enlevé au mur
d'une classe enfantine un magnifique « Programme
d'Enseignement », où la morale et civilité, l'arithmétique, la langue française, l'histoire, la géographie, les leçons de choses, — voyons! n'oublions-
nous rien? — se découpaient en belles tranches
mensuelles.

Les programmes de « morale et civilité » surtout
sont suggestifs. On a dû parler, en janvier, à ces
demoiselles et messieurs de quatre, cinq, six ans,
des « devoirs envers soi-même : devoirs envers le
corps : propreté, *intempérance* ». Au mois de mars,
on varie les « lectures et entretiens sur les actions...
sociales », oui, mesdames! — Et comme mars pour
cela est bien court, on traite en avril les « mêmes
sujets qu'au mois précédent ». Mai et juin sont

1. *L'Éducation enfantine.*

consacrés à entretenir ces citoyens et grognards en herbe « du régiment, du drapeau, des devoirs envers la patrie, du service militaire, de l'impôt ». Enfin, pendant les chaleurs de juillet-août, la petite classe somnole — du moins, je l'espère — aux « lectures propres à inspirer aux enfants le sentiment religieux : beautés de la nature, ordre du monde ».

Et la civilité puérile et honnête! Voici le programme de janvier : « Des visites. Comment on fait une visite. Longueur des visites. » Ces demoiselles seront bien documentées : elles apprennent en février les « visites de cérémonie, visites d'obligation, visites de circonstance », jusqu'aux « visites aux pauvres et *aux inférieurs* ». Mais pourquoi reculer en juin le chapitre des cadeaux : « Des cadeaux. Surprise. Faire le cadeau en temps opportun. Manière d'offrir un cadeau, d'en faire un?... »

Vraiment, est-ce une gageure? L'institutrice, à qui je demande, le plus sérieusement que je puis, comment elle fait une leçon sur l'intempérance, le régiment, le drapeau, l'impôt!... à ces bambins qui oublient de se moucher, est perplexe d'abord, puis m'avoue qu'elle ne fait pas toutes les leçons de ce programme, établi par l'institutrice précédente, qui, elle-même.... ô Tradition!! « Pour l'intempérance, eh bien!... elle parle des bonbons, et montre qu'il ne faut pas en manger trop. Pour le drapeau...., elle en dessine un au tableau noir...., elle apporte même (cette classe est bien pauvre) le drapeau de son petit garçon.... » Allons, je respire un peu, mais rien qu'un peu.

Jusques à quand — je sens que je deviendrais facilement cicéronien — allons-nous embarrasser nos classes enfantines de cet « enseignement » de la morale, qui ne peut qu'hébéter nos enfants et leur donner la nausée de la morale?

Qui dit « enseignement », dit programmes bien divisés, leçons en forme, horaires rigides. Mais si nous nous souvenions que tout cela est précisément interdit par les instructions officielles, qu'il n'y a pas de programme de morale pour l'école maternelle, la classe enfantine, le cours préparatoire de l'école primaire? Petites poésies, petits chants, historiettes, causeries très simples, *mêlées à tous les exercices de la classe et de la récréation*, voilà où nous devons nous restreindre.

Et les textes officiels ne nous traceraient pas notre devoir, que la simple observation de nos petits nous y amènerait seule. Pour un programme, les leçons, des préceptes, il faut des élèves dont l'attention soit capable de se fixer, l'intelligence capable de suivre et d'enchaîner des raisonnements. Il faut des *élèves*, et nous avons des *enfants*, de petits enfants.

Biffons donc ce mot d'*enseignement* de la morale et mettons à sa place celui d'*éducation*. Il s'agit de faire éclore les facultés de l'enfant, d'éveiller sa sensibilité, de faire jouer sa volonté naissante. On n'en est pas quitte avec des leçons de « morale et civilité »! L'esprit y est nécessaire, autant que le cœur : une attention avisée à saisir le moment des suggestions morales, une intelligence et une sensibilité souples à trouver, au bon moment, le mode de suggestion le plus intense.

Les textes officiels sur l'éducation morale de la section enfantine indiquent quelques exercices, où peut s'accrocher l'inquiétude des débutantes, bien moins à l'aise — et cela montre la dignité et la valeur de la bonne institutrice maternelle — bien moins à l'aise dans cet « établissement de première éducation » que dans une école à programmes. Les petites poésies, les petits chants ont une grande vertu, mais non pas tant par leur sens, comme on le croirait, que par le rythme et l'harmonie qu'ils développent. Il y a encore les « historiettes morales racontées et suivies de questions propres à en faire ressortir le sens et à vérifier si les enfants l'ont compris ». Mais j'ai peur — franchement — que l'indication ne soit trop didactique, et j'oserai recommander qu'on n'abuse pas de l'historiette morale, ou alors, qu'on laisse tomber cette épithète de *morale*, qui donne à l'historiette un faux air de prêche : l'enfant sent venir la leçon, rien qu'au ton de convention que prend trop souvent la narratrice : l'oreille écoute, mais le cœur ne s'ouvre pas. Et soyons tranquilles : l'historiette tout court, est morale, même — j'allais dire surtout — sans intention doctrinale, quand elle évoque la vie, et fait vivre les facultés d'émotion, d'imagination, d'aspiration de nos petits.

Mais c'est toute l'école, tous ses exercices, sans oublier les récréations où se révèlent les caractères, et son atmosphère, son ambiance, qui concourent à l'œuvre éducatrice. Je vous ai parlé déjà — si vous me faites la grâce de vous en souvenir — des suggestions de l'école fleurie, de la vertu du bouquet qui égaie la table de la maîtresse, de l'image ou de la blanche statuette qui ennoblit le mur, et de cette « musique », qui est, au gré de Platon, la « partie principale de l'éducation », et spécialement de l'éducation enfantine.

Ajouterai-je que les incidents les plus vulgaires y ont leur part? Il peut sembler étrange au premier abord, et choquant même, qu'on attribue la moindre valeur morale au geste du bambin qui apprend à se moucher. Mais songez qu'il lui serait bien plus simple et plus facile de renifler, au lieu de se moucher à fond. Il apprend la propreté, mais aussi la volonté et la persévérance. Et combien d'exercices de cet ordre, — et de cette valeur, — à l'école maternelle et à la classe enfantine? C'est à eux directement que s'applique le mot du philosophe : *Ab inferioribus ad superiora*, que je traduirais volontiers — pourquoi pas? — « des petits... besoins aux grandes aspirations... »

Ne dressons donc plus de ces beaux programmes de morale. La morale ne s'enseigne pas aux petits enfants. Tâchons qu'ils commencent à la vivre, et cela tout simplement par leurs yeux qui s'ouvrent, leurs petits doigts qui travaillent, leurs poumons qui se gonflent et leurs bouches qui chantent, leurs pieds qui cadencent des marches et des rondes, leurs imaginations qui fleurissent. Présidons gaiement, pour qu'elle soit plus claire, à l'initiation de leurs sens, de leur intelligence, de leur âme. Faisons de notre petite école un milieu d'activité joyeuse, où ils prennent le goût de la vie énergique et belle, — où se résume la morale.

POUR L'ENFANT DE TROIS A SEPT ANS

Vous êtes des mamans, vous êtes des papas, vous l'êtes, toutes et tous, puisque vous avez au moins votre classe, une grande famille à élever et à aimer. Et j'ai toujours peur que nous fassions mal cette double besogne, parce que nous sommes d'orgueilleux pédagogues, qui voulons ingénument imposer à nos petits nos formules et nos règles, alors que nous devrions les regarder vivre et apprendre d'eux, de leurs gestes libres, de leurs préoccupations, de leurs joies, les méthodes qui conviennent à ces intelligences et à ces âmes entr'ouvertes.

Nous croyons trop facilement à l'intelligence des petits, j'entends l'intelligence abstraite, capable de suivre nos raisonnements scolastiques, et nous nous dépêchons de les y fourvoyer.

Nous ne sommes pas d'ailleurs sans excuses. Le petit enfant n'est-il pas capable de logique? Si. Écoutez plutôt ce bonhomme de deux ans et demi : depuis qu'il sait marcher, il rêve d'un cheval mécanique, « un val à canique », et il se dépite en secret de la réponse dilatoire : « Oui, quand tu seras grand ». Mais arrive un jour où sa mère se fatigue à le remorquer dans la grande rue de la ville : « Ne te fais donc pas traîner, tu es grand.... » « Grand! » le mot magique... la conclusion ne traîne pas, elle; bébé s'arrête et s'écrie : « Gand?... mon val à canique! »

Le petit enfant n'est-il pas capable de finesse? Si encore. Quatre ans et trois mois déclarent, à table, d'un air innocent et fûté : « Je suis sage, comme une fille de onze ans ». — « Pourquoi *onze* ans?... — Et l'autre, avec un regard malicieux au grand frère : « Parce que Raymond en a dix, et qu'il n'est pas sage... ».

Oui, mais n'en concluons pas que la raison est venue, et que l'enfant voit des mêmes yeux, du même cerveau que nous, notre monde de grandes personnes. Quatre ans et trois mois sont maintenant cinq ans et demi, et voici la question de l'autre jour : « Maman, comment fera-t-on pour entrer dans la cuisine, quand on sera aussi grand que le plafond? — Aussi grand que le plafond?... — Mais oui, quand on aura l'âge du plafond? » Qu'en dites-vous, pédagogues austères?... Et hier, elle est revenue, enfiévrée, du jardin, les doigts pleins de terre : « Maman, j'ai planté des fleurs et des oiseaux! — Comment! des oiseaux?... — Oui, des pieds de petits oiseaux. » C'étaient des pieds-d'alouette.

Et alors?... Alors, oui, le petit enfant est capable de logique, de finesse, c'est-à-dire qu'il essaie instinctivement les jeunes ressorts de ce qui sera plus tard une intelligence humaine; mais il lui manque en même temps l'expérience des réalités et des possibilités de la vie.

Que faire? murer l'enfant dans des leçons abstraites? emprisonner, en se figurant qu'on la règle, l'imagination dans des mots incompris? Quel contresens de bourreau! Non, mais se servir d'abord, en la contentant, de cette imagination qui ne connaît pas d'obstacles.

Ces hommes qui deviennent grands comme le plafond, quands ils ont l'âge du plafond, ne sont-ils pas les fils des géants des contes? Ces fleurs-oiseaux, dont on sème les pieds, ne surgissent-elles sous la baguette des enchanteurs? Profitons donc d'abord, pour une douce culture morale, de cette puissance et de cette ingénuité imaginatives : c'est, à l'école maternelle, au cours préparatoire, le temps des contes de fées, des belles histoires, qui sèment dans le cœur en éveil les graines d'or de la poésie, de la bonté, de la délicatesse.

Puis, ou plutôt en même temps, entretenons nos petits dans l'expérience des objets concrets, des réalités sensibles, où ils prendront peu à peu conscience de la vie réelle, de ses limitations comme de ses pouvoirs. C'est la nature qui doit être l'initiatrice de l'intelligence enfantine, et surtout la nature végétale, qui se laisse étudier à loisir, dont on suit les transformations : les plantes et les fleurs, si passionnantes à regarder naître, croître, s'épanouir! N'est-ce pas ravissant, du reste, comme un conte de fées? Du conte aux merveilles de la nature, la transition est toute simple.

Les plus petits s'émeuvent devant la vie des plantes et des bêtes. Trois ans et demi, dans une promenade de dimanche, regarde un petit scarabée verdâtre, au bout d'un brin d'herbe; il flaire un mystère qui unit le scarabée et le brin d'herbe qui tremble, et il demande : « Et puis après, il va *fleurir*, dis, papa?... » Mais la réalité de la vie captive bientôt par elle-même. Cinq ans et demi, cultive un jardinet à l'école; elle en rêve; et ce matin, dressée sur son séant, dans son petit lit, les yeux pleins de sommeil, encore fermés, les mains en avant, elle s'écrie, en guise de bonjour : « Maman, maman! mon petit radis a deux feuilles, et l'autre, trois, deux grandes et une petite... »; puis elle retombe sur l'oreiller....

N'y a-t-il là rien à prendre pour les pédagogues? N'en concluront-ils pas que l'éducation du premier âge scolaire doit être à la fois imaginative et sensible, conduire l'enfant, encore enchanté de ses rêves, par les chemins variés de la nature, parmi des objets concrets, à l'observation et à l'apprentissage de la vie réelle?

Mais lire, écrire, compter? N'est-ce pas le programme? — Non, mesdames; il défend au contraire toute cette abstraction noire avant cinq ou six ans. Et la lecture et l'écriture ne seront pas en péril. Mais attendez, je vous en prie, que l'enfant lui-même les désire et vous les demande. Et il vous les demandera, dès qu'il en comprendra le sens et le plaisir. Je dis bien, le plaisir : celui de déchiffrer les signes mystérieux qui racontent de belles histoires, de lire le numéro du jour sur la feuille enlevée chaque matin du calendrier.... Alors, tout ira bon train : en quelques mois de joie et de clarté, vous gagnerez la besogne de plusieurs années d'obscurité et d'ennui.

Et puis, après cette initiation chaude et vraie de la première enfance, pensez-vous que l'on emprisonne encore longtemps les « grands » dans l'abstraction et le verbalisme?... Petites mains des tout petits, déverrouillez nos portes.

Tire la chevillette, la bobinette cherra....

L'ÉNERGIE DANS L'ÉDUCATION
ENFANTINE

Vous en connaissez tous, de ces enfants gâtés, fantasques, exigeants, chagrins, qui sont une plaie pour leur entourage. Ce sont des cris, des larmes, à la moindre contradiction. La raison sur eux n'a pas de prise, le sentiment non plus. « Tu veux donc me faire de la peine ? » dit la maman navrée de ne pouvoir contenter un nouveau caprice. Il y pense bien ! De la peine ? mais c'est vous qui lui en faites ! et il vous accuse obscurément d'une ironie méchante et déplacée. Et la maman s'écrie : « Tu ne m'aimes donc pas ? »

Non, il ne vous aime pas. Sans doute, il sait les cajoleries qui plaisent aux gens qui le gâtent. Il en joue admirablement, mais il entend que ce ne soit pas en pure perte. Il a, devant un désir contenté, des explosions de joie, des démonstrations affectueuses, des câlineries qui vous sont douces; mais il vous récompense, il vous paie de votre monnaie préférée : ne lui demandez pas de reconnaissance. Non, il ne vous aime pas, — il s'aime.

1. *L'Éducation enfantine.*

Et ne vous récriez pas que j'en fais un monstre. Ce n'est qu'un enfant, désagréable certes, mais un pauvre enfant sans guide, sans tuteur moral, où s'épanouit naturellement, cultivée par votre inconscience, toute l'ivraie de l'égoïsme. Comment voulez-vous qu'il vous aime? Dès la petite enfance vous avez épié ses moindres volontés. Vous en avez fait le centre de votre univers : comment voulez-vous qu'il se décentre? L'amour, c'est le don de soi; et vous ne lui avez appris qu'à recevoir le don des autres.

Disons donc aux mamans, à bien des papas aussi, et sans doute à plus d'une maîtresse : Pour vous faire aimer, que votre affection change de régime; relevez votre amour d'énergie : l'enfant n'aime vraiment que ce qu'il respecte.

Entendons-nous bien pourtant : nous ne prônons pas la sévérité. Autant nous trouvons à plaindre les parents victimes des petits tyrans qu'ils se sont donnés, autant nous jugeons haïssables ceux dont la volonté « sans phrases » brutalise les petits, et arrête l'épanouissement de l'âme enfantine. Leur faute est plus grande encore que celle des parents-gâteaux. Au moins ceux-ci ne pèchent-ils que par l'excès d'une affection mal comprise; les autres ne sont souvent que de grands égoïstes, qui protègent leur tranquillité par des ordres d'autant plus faciles à édicter qu'on n'en donne pas les raisons, et qui rejettent en définitive leur rôle d'éducateurs. Avec de tels parents, l'enfant ne s'élève pas, il se recroqueville. L'enfant gâté ne veut pas sortir de lui-

même, l'enfant brutalisé ne le peut pas ; il apprend
à la fois l'amertume de la vie et l'esclavage, — à
moins qu'un beau jour, toute cette compression
n'explose en révolte.

La véritable énergie est faite d'intelligence et
d'amour, autant que de volonté. Elle suppose la
vue claire des besoins de l'enfant, le souci de son
plus grand bien, la volonté de le lui procurer, et
d'obtenir qu'il collabore lui-même, et le plus
possible, à sa propre éducation.

Pendant la petite enfance, un regard prolongé,
un geste calme, suffisent d'ordinaire à appuyer
l'ordre que l'enfant hésite à accomplir, soit qu'il lui
soit pénible de renoncer à sa fantaisie, soit qu'il
essaie sa jeune volonté et « tâte » son maître : et
les petits y sont singulièrement perspicaces.

Mais à mesure que l'enfant grandit, le père, la
mère, la maîtresse, l'instituteur doivent mettre à
côté de l'ordre un clair motif d'action. On peut y
intéresser encore, suivant les natures, les divers
sentiments, quand l'ordre demande un effort plus
particulièrement difficile ; mais c'est toujours le
motif raisonnable qu'ils renforcent. L'enfant apprend
ainsi une discipline qui ne l'abaisse pas, car elle
l'assujettit, non pas à un maître, mais à la raison,
à sa raison convaincue, et qui en lui-même, l'oblige.

Cette discipline libérale et formatrice interdit à
l'éducateur le caprice et l'illogisme ; car l'ordre qui
avilit rend odieux qui l'impose. Mais aussi est-ce
un devoir pour l'éducateur de s'en tenir à l'ordre
réfléchi et juste, une fois donné ; sinon il marque-

rait, avec sa propre défaite, celle de la raison. Il faut que l'autorité raisonnable ait le dernier mot, quel que soit le mode d'amendement, plus encore que de répression, auquel on s'arrête, suivant le défaut de la volonté enfantine que la défaillance ou la désobéissance auront révélé.

Mais que la tâche soit aisée ou difficile, soyez sûrs que l'éducateur qui la mènera tout à la fois avec logique, bienveillance, ténacité, obtiendra le plein respect de l'enfant. Et vous le verrez fier de gagner une approbation qu'on n'obtient que par la droiture et l'énergie, et qui vaut beaucoup, puisqu'elle consacre l'effort.

Cela est vrai, — dira-t-on peut-être; — nous aurons le respect; mais aurons-nous l'affection? Je me souviens d'un mot de mon fils, grand lycéen de dix ans, jugeant un de ses professeurs : « Celui-là, *je l'aime bien*, parce qu'il est gentil, et puis *il ne se laisse pas monter des histoires* ». Le mot me semble typique : le professeur, « gentil », se fait respecter (et lui, c'est le devoir, la discipline) et parce qu'on le respecte, on l'aime....

Sans doute, l'enfant serait incapable de rendre raison de cette affection fondée sur le respect d'une autorité clairvoyante, bienveillante et ferme. Mais nous qui savons le rôle capital d'une telle autorité dans l'œuvre de l'éducation, nous pouvons éclaircir ces impressions obscures du jeune âge. Et nous trompons-nous en y voyant surtout de la reconnaissance? Le maître, qui montre à l'enfant le chemin droit de la raison, qui l'amène à se développer ou à se maîtriser par une discipline logique et bonne, le force à prendre conscience de lui-même, et l'élève vraiment à la vie personnelle et libre. L'enfant sent que vous faites de lui, et pour lui, un homme et une *personne*. Alors il ne vous en veut pas d'un désir rebuté, d'un caprice réprimé; il comprend vite ce que coûtent à son père, à sa mère, tel ordre, tel refus, quand il leur suffirait d'être faibles pour qu'éclate cette fragile joie enfantine, chère plus que tout à leur cœur. Et le respect se marie à l'affection, ou plutôt il l'établit sûre et plénière. Et cette affection respectueuse — soyez sans crainte, ô mamans — n'exclut pas le rire et la caresse.... L'enfant aime alors; il sort de l'égoïsme. Vous lui avez fait, par l'éducation virile, le vrai don de lui-même; il vous remercie en se donnant à vous.

LA DÉNONCIATION DES DEFAUTS[1]

Peut-on corriger un enfant de ses défauts en les révélant au public qui l'entoure? La question intéresse autant les parents que les maîtres. Mais je prie mes lectrices de lui donner son plein sens. Il ne s'agit pas seulement de savoir si la révélation, si la dénonciation publique des défauts a une valeur pédagogique. Il s'agit encore — et d'abord — de la moralité du moyen, et de voir si le maître *peut* légitimement l'employer aux fins éducatives.

Le défaut est une imperfection de l'âme, qu'on apporte d'ordinaire en naissant. On naît timide, brutal, indolent, étourdi...; et l'on n'est pas plus responsable de ses dispositions morales qu'on ne l'est de sa constitution physique. On ne peut être responsable que de laisser libre carrière à la nature, de ne pas amender le premier fonds, de ne pas entreprendre ou de ne pas poursuivre, à la lumière de la raison et de la conscience, la correction de ses défauts.

Mais l'enfant, surtout le petit enfant, a-t-il l'âge de cette responsabilité? Il ne connaît même pas ses

1. *L'Éducation enfantine.*

faiblesses; et c'est nous, pères, mères, éducateurs, qui, après l'avoir observé, avons la tâche et le devoir de le mettre en garde, de le protéger contre lui-même, de le *corriger* au beau sens du terme, c'est-à-dire d'en faire un être noble et *droit*. Et nous allons, pour lui signaler son défaut, — ne nous occupons pas maintenant du résultat, — nous allons le livrer à la réprobation, ou à la moquerie, du public qui l'entoure! Mais de quel droit lui donner des juges, à lui qui n'est pas responsable, pas coupable de telle tendance apportée en naissant, et qu'il faudrait seulement l'aider à redresser ou à vaincre? La dénonciation publique des défauts enfantins ne serait-elle pas une anormale injustice?

C'est peut-être plus, — quelque chose comme un petit abus de confiance. Si nous avons justement comparé les dispositions morales à la constitution physique, ne pouvons-nous pas, continuant la comparaison, et après avoir défini le défaut une imperfection de l'âme, l'appeler encore un de ses secrets! Mais le médecin, à qui sont révélés les secrets du corps, ne doit-il pas garder sur eux la discrétion la plus délicate? Achevez le parallèle, et nommez l'éducateur le médecin de l'âme, — un médecin complet, qui ne guérit pas seulement, mais nourrit et développe. Est-il astreint à moins de délicatesse? n'a-t-il pas aussi son secret profes-sionnel, qui lui interdit, en règle générale, la divul-gation des défauts?

J'entends bien que l'on n'a en vue que l'intérêt de l'enfant, que l'on voit dans cette divulgation un procédé éducatif. Mais d'abord, est-ce toujours bien sûr? N'y aurait-il pas des mamans, des maîtres, des maîtresses, qui recourraient à l'opinion publique, celle du papa, plus grave et plus lointain, des familiers de la maison, des étrangers, celle de la classe moqueuse, comme au soutien de leur propre faiblesse? Mais prenez garde : ces juges d'appel ne sont pas toujours présents, et ils ne seront peut-être pas toujours de votre avis. Le recours au jugement d'autrui diminue d'autant l'autorité personnelle; et l'enfant a vite fait de l'interpréter comme un aveu d'impuissance. Car l'enfant a le respect, a l'amour de l'énergie; il sent obscurément que l'éducateur, que le maître, doit savoir faire tout seul son métier; et si l'éducateur a des tribunaux d'appel, il admet donc — et l'on en profite! — que son autorité soit contestée, soit suspendue, dans l'intervalle des sessions.

Cette divulgation des défauts ne serait-elle pas encore parfois une revanche de la faiblesse, une petite vengeance de l'autorité méconnue? Ces parents qui appellent sur les imperfections de leur fils la réprobation de l'entourage, ou qui promettent à leur progéniture rebelle « qu'à l'école, on les matera », que font-ils autre chose que satisfaire leur rancune d'éducateurs malhabiles et que la résistance humilie? Et ce maître, qui ridiculise, devant la classe, l'écolier indocile, n'essaie-t-il pas de compenser, par la supériorité de son ironie, son autorité morale en défaillance? Mais alors c'est l'œuvre éducative que l'on compromet, car elle est faite de la coopération de l'enfant et du maître. Il n'y a plus maintenant de collaborateurs, mais des adversaires ; et l'enfant seul qui aime son maître veut collaborer avec lui.

Après cela, on admet très bien que la dénonciation publique des défauts ne dise pas nécessairement la faiblesse ou l'irritation de l'éducateur. Reste donc à examiner, quand elle est pratiquée pour le seul bien de l'enfant, sa valeur éducative.

Regardons l'enfant morigéné devant son entourage. Pas de doute possible : il n'est pas content. « Il ne manquerait plus que cela! » proteste le chœur des justiciers. Mais le mécontentement n'est pas le chagrin, le regret attristé et moralisateur de la faute, — ou plutôt c'est un chagrin qui n'accepte pas, qui réclame sourdement, qu'il se révolte ou qu'il boude. Pensez à ce que nous disions tout à l'heure sur l'injustice de la divulgation des défauts, surtout de ceux des petits enfants, et craignez d'éveiller dans le cœur de l'enfant, au moment même où vous cherchez à le corriger, le sentiment de l'injustice.

Il l'a d'autant plus, ce sentiment, qu'il ne reconnaît pas ses juges. De quel droit ces gens qui ne sont pas ses parents, qui ne sont pas ses maîtres, vont-ils apprécier sa conduite? Et d'ailleurs, sont-ils irréprochables, eux, pour le blâmer? Ces condisciples dont on soulève les rires, flatteurs des rancunes du maître, sont-ils donc impeccables? Et l'on sent dans l'attitude de l'enfant quelque chose qui proteste : pourquoi le livrer à des gens à qui « ça ne regarde pas »? Ici encore l'enfant a l'intuition de ce secret professionnel, que devraient lui garantir ceux qui sont appelés à connaître et à soigner les imperfections de son âme.

Le mécontentement enfantin, devant ces tribunaux d'opinion publique, s'exprime différemment, suivant les caractères : il y a celui qui s'humilie, et celui qui se révolte. Tel reçoit la semonce comme une douche, la tête basse, les yeux regardant de côté, la moue lippue. Tel lui fait face, les yeux levés, la lèvre dédaigneuse, prête à la réplique. Quel est, pour ces deux élèves, le gain de l'éducateur? Il a, dans le premier, diminué les forces de fierté active et personnelle ; il a abaissé, et disposé peut-être à la sournoiserie et au mensonge. Il a, chez le second, blessé l'amour-propre, excité l'esprit de fanfaronnade et de rébellion.

Et il arrivera aussi qu'il n'y ait plus humiliation ni révolte : l'enfant en aura pris son parti. Puisque, devant tous, devant les familiers de la maison, devant des étrangers, devant ses camarades, vous l'avez noté d'étourderie, de mensonge, de paresse, eh bien ! c'est entendu : il est l'étourdi, le menteur, le paresseux ; il a son signalement et il s'y tient, il le garde. Ce défaut que vous deviez corriger, il fait maintenant partie de son caractère. Parents, éducateurs, vous avez — n'est-il pas vrai? — bien réussi.

Est-ce à dire que la dénonciation des défauts soit absolument interdite? Il serait paradoxal de le prétendre. A condition qu'elle ne soit une preuve ni de faiblesse ni de rancune, et qu'elle soit faite à des juges compétents, elle peut avoir parfois des avantages. Une personne aimée de l'enfant, et qu'il respecte autant qu'il l'aime, peut être appelée par l'éducateur à confirmer son action propre. L'enfant voudra se corriger pour ne pas mériter le blâme de la personne qu'il aime et ne pas la contrister. Que cet appel, d'ailleurs, soit assez rare, de peur que l'autorité du juge ne s'émousse. Mais il ne s'agit plus ici, à proprement parler, d'opinion publique; il n'y a qu'un juge, choisi par l'éducateur, reconnu par l'enfant, et dont l'action s'exerce discrètement, sans publicité qui humilie, sans incompétence qui exaspère.

Quant à l'opinion publique représentée par toute une classe, il est assez délicat d'y faire appel. On doit être sûr de l'avoir pour soi : qui serait le premier puni, si des coups d'œil complices allaient soutenir le sujet, peu marri, de l'ironie magistrale? Cependant, quand la manifestation du défaut a été publique, une plaisanterie peut être efficace. Mais c'est à condition qu'elle soit discrète, sans amertume, qu'elle ne fasse qu'effleurer, et que l'enfant n'y sente pas surtout de représailles. On peut donc l'employer, rarement, pourvu que l'esprit s'y nuance d'affection,

Mais remplaçons plutôt, puisqu'elle est d'un rendement si problématique et d'un usage si délicat, la dénonciation publique des défauts par l'éloge public des qualités. La louange accordée à l'attention, à l'ordre, à la persévérance : quelle suggestion

pour l'écolier que l'on veut guérir des défauts con-
traires, et que l'on pique ainsi d'émulation!
Stimulez-le aussi vis-à-vis de lui-même : un menteur une fois a dit vrai, un enfant désordonné
s'applique, un paresseux a fait un bon devoir :
aussitôt, qu'on le félicite! L'éloge le paie de son
effort et l'excite : en lui montrant qu'il marche, on
lui persuade qu'il est facile de marcher.

Car ce qui importe en éducation, ce n'est pas
tant l'émondage des défauts que la culture des
qualités, et l'excitation des bonnes tendances :
pourquoi, dès lors, retenir l'attention de l'enfant
sur ce qui est en lui défectueux et répréhensible?
N'enchaînons pas son esprit humilié à la considé-
ration décourageante de ses imperfections morales,
parmi la réprobation publique. Attirons toutes ses
forces vers le bien, par l'exemple et la louange du
bien.

L'APPRENTISSAGE DE LA JUSTICE[1]

L A vie morale de nos classes primaires ou secondaires se caractérise profondément par une croyance déterminée en la justice. Le maître le plus respecté est celui qui paie et fait payer impartialement le bien et le mal, qui a l'adresse sympathique de motiver, sans en avoir l'air, les différences de traitement que demande la diversité des caractères, et qui laisse « lire dans ses comptes ». Une classe souffre malaisément que le maître ait des préférences; et d'ailleurs elle n'appelle pas ainsi l'estime particulière qu'il peut faire d'un excellent élève. Il se peut que quelques paresseux se laissent aller à copier une composition : c'est une faiblesse de la volonté, une défaite de la franchise, mais non pas ordinairement une faillite de la justice. Le copieur ne veut pas gagner des rangs, mais rendre une composition moins nulle, qui lui évite la retenue. Les bons élèves, de qui il ne se cache pas, l'excusent avec un cordial dédain; mais si la fraude devait par hasard renverser les valeurs, déposséder les travailleurs d'une place bien gagnée,

1. *L'Éducation enfantine.*

vous verriez la classe entière se lever d'indignation contre l'injustice....

La justice est-elle donc un sentiment naturel chez l'enfant, et en a-t-il l'amour instinctif?

Considérez un instant les prémisses que suppose tout jugement, tout arrêt moral, le plus simple. L'écolier puni et qui accepte sa punition, pourquoi l'accepte-t-il? Parce qu'il a conscience d'avoir manqué à son devoir d'écolier, et parce qu'il se reconnaît la responsabilité du manquement. Le sentiment de la justice suppose donc d'abord une notion plus ou moins claire des droits et des devoirs personnels. Il suppose ensuite que l'on possède, à un degré plus ou moins complet, la direction, l'autonomie de sa volonté.

Et voyez alors se manifester l'activité du petit enfant. Ce sont, au début, les simples jeux de l'instinct : besoins, réflexes de la vie physique; puis des désirs obscurs qui appellent impérieusement, parmi rires et cris, la répétition d'une sensation agréable. Puis l'enfant commence à se connaître une puissance d'agir; mais l'intelligence ne pouvant en prendre la direction, cette volonté naissante, à peine encore dégagée de l'instinct, s'essaie dans mille caprices. Cependant les exemples, les premiers conseils, les petites expériences de l'enfant font peu à peu leur œuvre modératrice. Encore étroitement liée à la sensibilité, la volonté s'imprègne lentement d'intelligence et de raison. L'enfant, capable de réfléchir et de juger, va enfin vouloir véritablement.

Et cette période d'évolution de la petite âme enfantine vers l'intelligence est encore nécessairement celle de l'égoïsme. Sans connaissance de lui-même ni des choses, l'enfant se croit, et doit se croire, le centre de l'univers — tout est fait pour lui obéir, pour le contenter. D'ailleurs, c'est l'instinct de la vie et l'appétit profond de la développer qui le stimulent. Son égoïsme a deux excuses : il ne sait pas, et il veut vivre.

L'école a donc pour rôle de faciliter à l'enfant l'apprentissage de la justice. Mais si on le conçoit à l'école primaire, où l'écolier arrive « à l'âge de raison », n'est-ce pas un paradoxe de le vouloir à l'école maternelle, dans la classe enfantine, où l'on reçoit les tout petits, avant l'éclosion de la raison, en plein épanouissement de l'égoïsme? Non, ce n'est pas un paradoxe — et l'école, par cela seul qu'elle est une collectivité, qu'elle met en contact des individualités, des égoïsmes, est un milieu favorable à l'apprentissage moral. N'avez-vous pas observé que les enfants qui ont des frères, des sœurs, sont plus « raisonnables », moins gâtés », que les enfants uniques? C'est que, dans le petit groupe familial, les instincts, les désirs élancés vers les mêmes objets : jouets, friandises, se sont heurtés, ont dû composer, et qu'il est sorti de ces conflits ou de ces rencontres une notion confuse des droits de chacun, que l'intérêt bien entendu commande à chacun de respecter chez autrui.

Le sentiment de la justice ne se définit pas,

en effet, tout entier par rapport à l'individu, mais il achève de se définir par comparaison entre l'individu et le groupe dont il fait partie. La justice est une vertu sociale. Elle suppose que l'on connaît ses devoirs et ses droits, que l'on comprend d'après ses propres besoins les droits et les devoirs d'autrui, qu'on limite l'expansion de sa personnalité au point où elle pourrait opprimer les autres, mais qu'on réclame aussi la réciprocité du libéralisme, du respect et de la délicatesse. On voit combien l'école, en ce qu'elle permet les rencontres, les petits chocs des égoïsmes peut apprendre aux enfants, et aux plus petits, chez qui l'égoïsme est le plus inconscient et la volonté la plus instinctive, l'existence d'autrui et l'équivalence des droits.

Mais il ne faudrait pas compter uniquement sur l'expérience. Du conflit des volontés, l'égoïsme enfantin pourrait ne conclure qu'au profit de la force ou de la ruse. Les petits enfants, dont l'intelligence encore une fois est presque inopérante, et chez qui la fierté n'est pas née, acceptent et recherchent sereinement les menus bénéfices de l'injustice. Le premier mouvement, même chez des enfants « bien élevés » et gentils, est d'avoir plus de bonbons que le petit frère ou la petite sœur, d'avoir un jouet pris à l'autre : ils sont terribles sur le tien et le mien, ces petits bonshommes !

Et c'est ainsi que l'institutrice maternelle peut beaucoup. Les petits n'ont pas de raison : elle sera leur raison visible. Elle n'aura pas de préférés, suivant le costume ou la grâce de la frimousse. Notre grand écolier de tout à l'heure, prêt à accepter la punition de sa faute, supposez qu'il ait un complice et que ce complice soit exempté du châtiment : alors il n'accepte plus, la différence de traitement le révolte : à mérites égaux droits égaux, à conduites pareilles responsabilités identiques....

Non, pas de préférences, mais toujours l'équité calme, et cohérente. Que les mêmes petites fautes contre la propreté, contre la camaraderie, contre l'ordre, soient remarquées, signalées, ou pardonnées de la même façon. Que les mêmes petites victoires soient récompensées dans le même esprit d'impartialité... et de suite. Alors, le petit code de la justice sera établi à l'école maternelle. Il tiendra dans votre regard, dans votre geste, dans votre voix. Sera juste, ce qui obtiendra *toujours* l'approbation de la maîtresse ; sera injuste, ce qui *toujours* méritera son blâme, froncement de sourcils, doigt levé. Si, plus tard, ce qui aura fait froncer ces sourcils, lever ce doigt, est condamné aussi par la conscience et la raison éveillées, vous aurez vraiment institué, dans les petites âmes, le culte de la justice. Et, encore plus tard, l'école maternelle, la classe enfantine, apparaîtront à l'homme, à la femme, comme le péristyle inséparable de l'école primaire ou du lycée, dont on se souvient toujours avec une émotion grave et une respectueuse reconnaissance, car ils furent le temple de la Justice loyale, intransigeante, — à qui la vie, hélas ! n'a pas gardé tous ses dévots....

LA GAIETÉ[1]

L'INSTITUTRICE, et surtout l'institutrice maternelle, a le devoir d'être gaie. La gaieté est une vertu professionnelle.

Il n'y a pas d'éducation possible, en effet, sans communication, sans réciprocité de confiance. Le maître éveille, fait découvrir, encourage ; l'enfant aspire, se donne, et ses yeux remercient : c'est un entrecroisement de rayons. Or la gaieté est essentiellement communicatrice.

Il serait difficile de dénombrer les causes de la gaieté. Les uns — heureuses natures — sont gais par tempérament ; ils ont en eux une telle abondance de vie saine que, contre vents et marées, ils se maintiennent toujours en équilibre, et sont un exemple entraînant d'optimisme et d'action. D'autres ont une gaieté proche de l'insouciance, faite d'un égoïsme ouaté contre les offenses de la vie ; d'autres au contraire ont une gaieté combative, assez confiants en eux-mêmes pour narguer le sort en poursuivant crânement leur route. La plupart enfin ont une gaieté d'accident, au hasard des

1. *L'Éducation enfantine.*

joies ou des menus plaisirs de l'existence. Mais, d'où qu'elle vienne, la gaieté a des signes identiques : les traits se détendent, le front se déride, le regard alerte et brillant se pose franc sur les gens et les choses, vers qui l'arc relevé des lèvres décoche son sourire : la figure est ouverte, comme on dit.

La tristesse, la mauvaise humeur, la referment : les traits se renfrognent, la bouche se crispe, le regard se voile ; le cœur, en révolte ou en défiance, est sur la défensive, ou bien, dédaigneux, il se mure, il s'abstrait.

La gaieté apparaît ainsi un agent singulièrement actif de vie collective. Elle exprime la sympathie, et la dégage par attirance. La figure ouverte ouvre à son tour. La gaieté est la clef brillante de la confiance et de la joie d'autrui.

Mais, communicative par essence, elle est puissante surtout sur les enfants. L'homme peut offrir à la gaieté étrangère une résistance intérieure, tenir fermé à la clef d'or le cœur où sont installés les préoccupations et les soucis. Mais l'enfant n'a rien qui le défende contre la gaieté, le sourire, la voix claire où il entend sonner comme un appel ami. Le voilà prêt à vous suivre à la découverte de la vie, que vos leçons lui révèlent.

C'est que l'enfant est un être sensitif, qui vit par l'imagination et les sens bien plus que par la pensée. La puissance de la gaieté n'est au fond qu'une variété de la puissance de l'image. Ajoutez à cela que l'enfant est foncièrement imitateur. La figure riante, ouverte, impressionne l'enfant et déclanche pour ainsi dire, avec l'émotion, l'image similaire. De même la figure renfrognée, boudeuse, froide, a aussi son action, mais répulsive, et non plus sympathique : l'enfant et le maître sont, au sens propre du mot, désaccordés.

La gaieté est donc pour l'institutrice un devoir professionnel : la discipline morale, les progrès intellectuels, toute la vie de sa classe en dépend. Mais elle est d'une nécessité particulière pour l'institutrice maternelle.

Rappelons-nous ce que nous venons de dire rapidement de la puissance de l'image. Chez les tout petits cette puissance est absolue. Ils n'ont point de jugement, ou il est si faible que la sensation le submerge; ils sont incapables de contrôle, de mesure. Une figure souriante éclaire leur petite âme pour toute la journée; une figure sévère les effraie, et leur fraîche vie, qui aspire à s'ouvrir, se recroqueville et souffre. Prenez garde aux impatiences, aux gestes brusques, aux regards mauvais : vous causez dans l'organisme fragile des petits des secousses trop fortes. Il faut que même le froncement des sourcils, qui rappelle à l'ordre, soit encore amical, qu'il ne menace pas, mais invite. L'école maternelle, où se délient les sens et l'âme, doit être, plus qu'aucune autre, l'école de la gaieté.

L'institutrice a d'ailleurs des aides dans cette aimable fonction de susciter la joie confiante, pour le plus grand profit de l'intelligence et du cœur. Elle a les jeux, les évolutions, les récits, et tous

les exercices de la classe, pour peu qu'elle sache
leur choisir une matière concrète, colorée, vivante.
Elle a son école elle-même. Sans doute il ne
dépend pas d'elle que les murs en soient peints de
claires couleurs, que ses baies soient larges, par où
il vient du ciel. Mais un bouquet de fleurs ou de
verdure peut toujours s'épanouir sur la table de
la maîtresse, pour qu'il reflète sa fraîcheur et sa
grâce dans tous les petits yeux; mais sur le mur,
même sombre, une image, dans sa marge blanche,
peut toujours éclater, pour qu'on oublie le mur.

Cependant tout cela, images, fleurs, clarté des
murs, rayons des fenêtres, tout cela s'amortit et
s'éteint, si la gaieté de la maîtresse n'en est pas,
si l'on peut dire, la synthèse animée. Elle peut les
remplacer, dans la plus pauvre des classes; mais
elle, on ne la remplace pas.

Et je voudrais en finissant dire, sans hausser le
moins du monde le ton, la valeur « sociale » —
ma foi, oui! — de la gaieté de l'institutrice maternelle. C'est qu'il y a, parmi les tout petits, tant de
déshérités! Ils nous arrivent, quelques-uns, des
ruelles sans air et des taudis sans amour. Les
caresses sont rares à la maison, où leurs nerfs
sont douloureusement ébranlés par les gestes rudes
et les voix brutales. Pourtant l'enfant aspire à
l'épanouissement : c'est une plante, fraîche ou
malingre, mais qui veut croître. Il lui faut du
soleil; et le sourire, c'est le soleil de l'âme. Que
deviendront ces petits, si l'institutrice n'épanouit
point, n'est pas gaie? Ils n'ont plus rien, quand

l'école ne remplace pas pour eux le foyer, ni l'institutrice, la mère. La gaieté, qui réchauffe et crée la joie dans leur cerveau et dans leur cœur, n'est plus alors seulement un devoir professionnel : c'est un devoir de charité.

Mais pourquoi parler de devoir? Les enfants rendent autant qu'on leur donne : et pour la maîtresse qui, sachant la force éducative de la gaieté, secoue parfois, bravement, au seuil de sa classe, ses préoccupations et ses soucis, quelle récompense plus douce que la joie qu'elle fait luire dans les yeux de ses enfants?

LES

CLASSES-PROMENADES[1]

DEPUIS le printemps (1909), les écoliers de la Haute-Marne sortent deux fois par mois de leurs classes, et loin des cahiers et des livres, hors des murs, ils s'en vont, sous la conduite de leurs maîtres et de leurs maîtresses, libérant leurs sens, aérant leur intelligence, découvrir et apprendre leur pays. C'est ce que j'ai cru pouvoir appéler la classe-promenade; et j'ai juxtaposé ces deux mots, qu'on n'avait pas accoutumé de joindre, pour bien marquer le caractère de l'innovation.

Caractère.

Ce n'est pas, en effet, une simple « promenade », où maîtres et élèves, à la débandade, s'en iraient prendre une aimable avance sur le jeudi; c'est une « classe », plus agréable que les autres sans doute, mais aussi sérieuse. Non pas d'ailleurs une classe

1. *L'Éducation*, septembre 1909.

comme les autres, avec les mêmes exercices, à cela près qu'elle serait faite en plein air. Ainsi que je le disais dans mes directions aux instituteurs et institutrices de la Haute-Marne, la classe-promenade a son programme à elle, infiniment vaste et varié. Elle met l'enfant en contact direct avec la terre et avec la vie. Elle lui apprend à voir, à observer, à réfléchir, à sentir la vérité et la beauté des êtres et des choses des spectacles naturels et des œuvres humaines. Ayant son programme à elle, elle décharge encore, tout en l'enrichissant, celui des autres classes. Elle amasse en effet des impressions, des remarques, des jugements, des souvenirs, des « images » de tous les sens, où les divers enseignements iront puiser et se nourrir.

Réglementation.

La réglementation des classes-promenades, dont je résume ici les articles essentiels, précise leur caractère d'exercice scolaire régulier. Le jour et l'heure en sont fixés : elles ont lieu les premier et troisième mercredis des mois suivants : avril, mai, juin, juillet, août, octobre; le soir, au printemps et en automne; le matin, pendant le trimestre d'été, pour éviter la grande chaleur. En cas de mauvais temps elles sont reportées d'une semaine, à charge pour le maître d'en avertir son inspecteur primaire. Pendant la mauvaise saison, de courtes sorties pourront avoir lieu aux mêmes dates, si le temps le permet. La date fixe importe d'abord aux résultats de la classe-promenade, qui ne peut être fructueuse qu'après une sérieuse préparation, où le maître donne un but à la promenade, prévoie et reconnaisse au besoin son itinéraire, sache d'une manière générale les sites et les objets sur lesquels il attirera l'attention de ses élèves : il restera assez d'incidents de route pour que l'initiative du maître s'y aiguillonne. Cette préparation ne serait guère possible, si la classe-promenade était improvisée au gré de chacun, et ce serait aussi la fantaisie ou l'humeur qui s'introduirait dans l'organisation pédagogique de l'école, au grand dommage de l'enfant qui doit en emporter des habitudes d'action ordonnée et ponctuelle. Cette régularité est encore exigée par le service de l'inspection primaire. Il ne faut pas qu'un inspecteur, au terme d'une route souvent fatigante, trouve vide une école dont il comptait voir la marche et la conduite, et où il ne pourra peut-être pas revenir de l'année. Il est au contraire excellent qu'il puisse venir tout exprès examiner, corriger au besoin, les exercices d'une classe-promenade, comme il fait des autres. Les inspecteurs primaires de la Haute-Marne se sont joints plus d'une fois aux maîtres ; des inspections ont été ainsi faites au long des chemins, à l'ombre d'un bois, au bord d'un ruisseau, sans maussaderie certes — allez donc être maussades en pleine nature — et avec quel profit! Le plan succinct de chaque classe-promenade figure d'ailleurs au carnet de préparation. Voilà pour le maître, qui perfectionne, à mesure qu'il les étudie pour les fixer, les exercices et les procédés de la nouvelle classe, et se fait peu à peu son programme des classes-promenades, celui qui convient à son école et à son milieu.

La partie des élèves maintenant, qui, à l'intérieur des localités, marchent en rangs et, à l'extérieur, restent groupés plus librement, mais groupés autour du maître, tant pour garder l'apparence ordonnée de la classe que pour éviter les accidents. Pendant la route, ils regardent, observent, écoutent, questionnent; puis ils rapportent à l'école la gerbe des souvenirs : la promenade fait chaque fois l'objet d'un compte rendu écrit, servant de composition française, qui figure au cahier-journal et par conséquent au cahier de roulement, et l'on y joint parfois le dessin libre d'un site ou d'un objet.

Après avoir brièvement indiqué leur caractère et leur réglementation, je voudrais dire maintenant les raisons éducatives et administratives pour lesquelles j'ai institué les classes-promenades, puis en indiquer les résultats, tels que l'on peut les constater, au terme de quatre mois d'épreuve.

Les instructions de 1882.

J'ai été amené à établir les classes-promenades, non point pour obéir à de simples convictions personnelles, pourtant dès longtemps formées, sur leur intérêt éducatif et pratique, mais en recherchant, avec le souci direct de l'administrateur, les

meilleurs moyens do remplir les instructions officielles sur l'enseignement dans les écoles primaires.
Pour dater de plus d'un quart de siècle, ces instructions n'en demeurent pas moins excellentes. L'école,
disent-elles, « ne donne qu'un nombre limité de
connaissances. Mais ces connaissances sont choisies
de telle sorte que, non seulement elles assurent à
l'enfant tout le savoir pratique dont il aura besoin
dans la vie, mais encore elles agissent sur ses
facultés, forment son esprit, le cultivent, l'étendent
et constituent vraiment une éducation. » Il faut que
l'enfant du peuple emporte de l'école primaire,
avec un premier bagage indispensable, « surtout
de bonnes habitudes d'esprit, une intelligence
ouverte et éveillée, des idées claires, du jugement,
de la réflexion, de l'ordre et de la justesse dans la
pensée et de langage ». La méthode de cette éducation est commandée par son objet. Pas de procédés mécaniques qui abêtissent, pas de leçons
doctorales déroulant un cours monotone et froid;
mais toutes les formes variées et souples d'une
coopération d'idées. Or il ne peut y avoir échange
là où le maître détient seul une science abstraite et
l'inculque d'autorité. Aussi les instructions se font-
elles insistantes : « Le maître part toujours de ce
que les enfants savent.... En tout enseignement,
le maître, pour commencer, se sert d'objets sensibles, fait voir et toucher les choses, met les
enfants en présence de réalités concrètes, puis peu
à peu, il les exerce à en dégager l'idée abstraite....
Il forme le jugement en amenant l'enfant à juger,

l'esprit d'observation en faisant beaucoup observer, le raisonnement en aidant l'enfant à raisonner de lui-même et sans règles de logique.... »

Les instructions et la pratique.

Ces instructions seraient-elles restées lettre morte, comme le feraient croire les critiques adressées plus que jamais à l'enseignement officiel, et faudrait-il alors déplorer la résistance d'inertie des disciplines formalistes et des pédagogies routinières? Les coupables seraient-ils les programmes, trop vastes, trop généraux, établis en dépit des instructions qu'ils accompagnent ou, au contraire, les manuels bourrés de mots, dont on se servirait sans souci d'accommodation, pour dispenser à tous les écoliers de France la même pâture de généralités fades et d'abstractions indigestes? Ces discussions ne sont pas de mon sujet, et si je m'y arrêtais, ce serait sans doute pour disculper nos programmes, perfectibles certes, mais pas si mauvais, à preuves que certains, qui par mode criaient « haro », sont redevenus plus amènes, pour avoir pris la peine élémentaire de les relire. Le vrai d'ailleurs, et qui demeure, en dépit de tous les défauts et de toutes les critiques, c'est qu'il a été fait dans nos classes un grand effort, continué sans relâche, vers l'enseignement concret. Nos maîtres ont multiplié les leçons de choses, ils ont constitué avec une ingéniosité méritoire, et parfo's à leurs frais, des musées scolaires : les classes se sont tapissées de cartes, de gravures; les livres les plus modestes s'illustrent d'images, longtemps fantaisistes, mais de plus en plus exactes et vraies. Le but a donc été bien indiqué et, quoi qu'on dise, poursuivi : c'est que les jeunes puissances d'observation, de réflexion, de raisonnement de nos élèves se développent d'une manière non seulement active, mais personnelle, et pour cela, que l'école soit de moins en moins abstraite, de moins en moins livresque.

L'école et la vie.

D'où vient alors que la vie soit encore aussi lente à y circuler? Je sais bien que l'on a étiqueté parfois « leçons de choses », des leçons sur des choses... absentes, de pures leçons de mots. J'ai entendu un instituteur faire une de ces leçons sur les insectes, les papillons, en février, — alors qu'il était si simple d'attendre le printemps! — parler sans une image, sans un croquis, de thorax et d'abdomen, sans se préoccuper même de savoir si ses élèves ignoraient — et ils l'ignoraient — l'orthographe de ces mots barbares, qu'ils écoutaient en bâillant. Que voulez-vous? il y aura toujours des maladroits pour faire, avec les choses les plus vivantes et les plus claires, du noir, de la somnolence et de l'ennui. Ces gâcheurs sont de plus en plus rares, et leurs fautes, toutes personnelles, ne peuvent être des arguments.

Mais enfin pourquoi les classes bien organisées

et bien conduites, avec leurs petits musées, leurs cartes, leurs images, sont-elles encore souvent si mornes? C'est que l'image, si belle quelle soit, n'est pas de la vie; c'est, tout au plus, de la vie figée, incomplète, n'intéressant, et encore très imparfaitement, qu'un sens, celui de la vue. L'image, entre l'enfant et la nature, n'est qu'un intermédiaire : qu'il aille donc, tout droit et tout franc, à la nature elle-même, s'empreindre de ses formes, de ses couleurs, de ses sons, de ses parfums, s'enrichir d'observations concrètes et d'analogies qui lui permettent de comprendre et de se représenter les choses et les décors lointains, qu'il sera bon et logique ensuite de lui évoquer par le livre et l'image.

J'en dirai autant des spécimens étiquetés du musée scolaire. Pense-t-on que ces objets, concrets ceux-là et réels, soient pour cela bien vivants? Mais c'est de la vie fragmentaire, meurtrie, déracinée, dont le spectacle sur les tablettes du petit musée peut rappeler utilement des souvenirs, mais non donner l'impression première. Il faut avoir vu la pierre dans la montagne, la moisson sur les champs ondoyant au soleil, la plante et la fleur dans la lumière frémissante, avant de comprendre et pour comprendre la collection et l'herbier. Il faut aller dans la nature pour observer les choses et les êtres sur leur habitat et dans leur cadre, pour découvrir les relations de la terre et des hommes.

Préparation à la vie pratique.

Il m'a donc semblé qu'en sortant de l'école, le maître trouverait en abondance, proches de l'enfant et d'autant plus sensibles, ces objets concrets, permettant les intuitions fécondes, les vérifications, les expériences, au terme desquelles l'enfant de l'école primaire aurait acquis des méthodes d'observation, de critique et de raisonnement. Il quitterait l'école avec le besoin, dans tous les domaines, de la vision directe et de la preuve, affiné et armé par un enseignement éducateur.

Et il me semblait aussi que ces prises de contact avec les réalités ambiantes favorisaient cette préparation à la vie pratique, dont les instructions officielles chargent l'instituteur. Il ne s'agit pas évidemment d'une préparation qui spécialise, mais d'une préparation large qui fasse connaître à l'enfant et lui fasse aimer le petit pays où il est vraisemblablement destiné à vivre. Pour qu'il ait le goût d'y rester et d'y faire sa tâche, pour qu'il s'y *enracine*, suivant le mot à la mode, ne faut-il donc pas qu'il apprenne à voir ses aspects naturels, qu'il regarde s'y développer ses métiers, ses arts, qu'il sache l'histoire de ses ancêtres, qu'il sente enfin les relations ténacement établies, le pacte d'alliance lentement conclu entre la terre et les générations qui ont voulu y vivre et qui l'y ont lui-même, du fond des siècles, adapté?

Les invitations des programmes.

Mais les programmes scolaires s'accommoderaient-ils de ces sorties, de ces échappées hors des murs? Je les avais relus, et il me paraissait qu'eux-mêmes esquissaient — si j'ose dire — le geste d'abaisser les barrières, et murmuraient aux portes closes des écoles un « Sésame! » qu'il suffisait de faire entendre plus clair, pour qu'elles s'ouvrissent toutes grandes sur les beaux champs de la vie. « Premiers exercices de rédaction sur les sujets les plus simples et les mieux connus des enfants.... Comptes rendus de lectures, de leçons, de *promenades...*, » dit le programme de français. Le programme de géographie est des plus explicites : dès la section enfantine, c'est l'esprit d'observation qu'il veut avant tout provoquer chez les enfants « en leur faisant simplement remarquer les phénomènes les plus ordinaires, les principaux accidents du sol ». Appel encore plus précis au cours élémentaire : « Les points cardinaux non appris par cœur, mais trouvés *sur le terrain*, dans la cour, *dans les promenades*, d'après la position du soleil. Exercices d'observation : les saisons, les principaux phénomènes atmosphériques, l'horizon, les accidents du sol, etc. — La *géographie locale* (maison, rue, hameau, commune, canton, etc.). — *Entretiens sur le lieu natal.* » Au cours moyen : géographie de la France, « avec étude plus approfondie du canton, du département, de la région ».

C'est maintenant le programme de géométrie qui nous invite au plein air : « exercices fréquents de mesure et de comparaison des grandeurs *par le coup d'œil; appréciation approximative des distances* et leur évaluation en mesures métriques ». Ces exercices ne peuvent évidemment se faire que sur le terrain, où nous appellent encore « les opérations les plus simples de l'arpentage ». Tout le programme des éléments des sciences physiques et naturelles serait ensuite à citer. Le but est très net : « surtout amener les enfants à regarder, à observer, à comparer, à questionner, à retenir ». Et voici la méthode : « On s'efforcera de régler, autant que possible, l'ordre des leçons par l'ordre des saisons, afin que la nature même fournisse les objets de ces leçons et que l'enfant contracte ainsi l'habitude d'observer, de comparer et de juger ». Les moyens à présent : l'expérience en classe sans doute, le musée scolaire mais surtout les promenades : « Petites collections faites par les élèves notamment au cours des *promenades scolaires* (cours élémentaire). — Indication des plantes utiles et nuisibles, surtout dans les *promenades scolaires* (cours moyen). — *Herborisations*..., notions sommaires sur le sol, les roches, les fossiles, les terrains ; *exemples tirés de la contrée. Excursions* et petites collections » (cours supérieur). — « Examen, *surtout dans les promenades*, des principales espèces de sols », dit le programme d'agriculture et d'horticulture.... « Cultures démonstratives, etc. » — *Enseignement pratique local* souligne expressément l'arrêté du

20 septembre 1898, qui organise dans les écoles du littoral un cours spécial de leçons de choses appropriées à la profession du marin et du pêcheur : « Étude géographique des côtes voisines. — Lieux de pêche de la région; *promenades sur le rivage* : animaux et plantes. — *Visites* aux voileries, aux corderies, aux forges, etc.... — Démonstration de manœuvres courantes. —Principes de natation.... » A moins que l'on ne fasse la planche sur les bancs de l'école !...

Nous serions donc vraiment les aveugles et les sourds dont parle le psalmiste, si nous nous entêtions à rester calfeutrés dans nos classes, après tous ces appels à la liberté.

Les promenades.

N'y a-t-il donc pas de différence entre la promenade scolaire, recommandée depuis longtemps par les programmes officiels, et la classe-promenade instituée en Haute-Marne? Il y a entre elles la différence qui sépare le simple conseil de l'organisation, l'exercice extrascolaire, extraordinaire au sens propre du mot, sans horaire ni programme, plus récréatif qu'instructif, de l'exercice régulier, périodique, ayant sa place bien établie au tableau de l'emploi du temps. La promenade scolaire était recommandée à la seule bonne volonté des maîtres, qui ne craignaient pas de payer d'un travail supplémentaire une excursion intéressante. Le jeudi, jour de congé, a semblé en général indiqué pour elle;

et cependant les jours scolaires sont assez chargés, et même leurs soirs, par les œuvres post-scolaires de toute sorte, pour que les maîtres tiennent légitimement à ce jeudi de détente, de loisir et de récréation des forces. Rien ne s'oppose évidemment à ce que la promenade scolaire ait lieu à d'autres jours : mais elle semble demander alors une autorisation spéciale, parfois malaisée, à cause de son caractère anormal et « récréatif » : des matières du programme n'en resteraient-elles pas en souffrance?... En réalité, les promenades scolaires sont presque partout tombées en désuétude. Les classes-promenades, au contraire — et je n'y insiste plus — sont des classes régulières, fixées à un jour de travail scolaire, avec une préparation prévue comme celle des autres classes, soumises comme les autres à l'inspection, donnant lieu, toujours comme les autres, à des exercices oraux et à des devoirs écrits.

A la vérité, parmi les approbations qui nous sont venues nombreuses, une objection a été présentée, toute de forme d'ailleurs, puisque son auteur approuvait l'initiative prise en Haute-Marne : la classe-promenade ne contreviendrait-elle pas — non pas aux programmes — mais aux règlements scolaires? Et de rappeler l'article 19 de l'arrêté du 18 janvier 1887 qui attribue à l'enseignement du français « tous les jours environ deux heures » contre « une heure à une heure et demie en moyenne » à l'enseignement scientifique, etc. Or les trente heures hebdomadaires de classe sont occupées, sur quelle matière du programme sera pris le temps des classes-promenades? Il y a encore un terrible article 18 qui partage « chaque séance en plusieurs exercices différents, coupés par les récréations réglementaires » : comment ménager « plusieurs exercices différents » dans la classe-promenade? « Promenades, excursions, mettre l'enfant en présence des réalités... », parfait! disait-on, mais les règlements officiels rendent inapplicables ces excellents conseils, officiels tout comme eux : et alors, retenir les uns qui conviennent, et oublier les autres, c'est de la simple action directe [1]!

— Je ne me croyais pas si révolutionnaire. Je pourrais dire tout simplement que là où l'on voit la contradiction, il est plus naturel et « légaliste » de rechercher l'accord, quitte même à faire son profit de la moderniste *théorie du germe*, et sans craindre d'excommunication. Mais que revoilà bien la vielle conception traditionnelle de la promenade scolaire, extrascolaire plutôt, appliquée à la classe-promenade! Sur quelle matière du programme sera pris son temps? Mais sur plusieurs matières, sur toutes même : et cette préparation écrite du maître, que mettrait-elle donc en œuvre, si ce n'est des éléments des programmes que la classe-promenade va permettre de s'assimiler directement?

— Mais la répartition hebdomadaire des matières?

— Ce serait donc cela qui nous arrêterait? Mais les règlements disent partout en *proposant* un

1. Cf. P.-A. Dufresne, *École Nouvelle*, 24 juillet 1909.

horaire aux maîtres : *environ, en moyenne*. Eh bien, avec cela nous nous arrangerons, et personne n'y perdra rien. Quant aux « exercices différents », une classe-promenade, dans la nature, dans la vie, se fait-elle donc sur un tableau noir monotone?

Les exercices d'une classe-promenade.

Lisez cette page d'un des inspecteurs primaires de la Haute-Marne, qui, pour montrer combien l'objection est vaine, n'a eu qu'à transcrire un de ses rapports d'inspection. « J'ai assisté, il y a quelques jours, à une classe-promenade, permettez-moi de résumer ce que j'y ai vu faire. Dans une première partie, le maître a fait « évaluer » à ses élèves la longueur en mètres de quelques distances, puis vérifier les appréciations avec la chaîne d'arpenteur, et un exercice de calcul mental a suivi sur les longueurs trouvées. Dans une seconde partie, les élèves ont arpenté un champ de la forme d'un trapèze, puis ont été invités à en trouver la surface et le prix à tant le « journal » de 28 ares, mesure locale. Pendant ce temps et dans une troisième partie, les enfants des cours élémentaire et préparatoire, arrêtés devant un peuplier, ont observé ce peuplier : la forme élancée du tronc, la rugosité de l'écorce, la présence de la mousse d'un côté seulement, la forme des branches, des feuilles, la longueur du pétiole de la feuille : ce qui les a ainsi amenés à trouver la raison du bruissement spécial, de la « chanson » des feuilles du peuplier, etc.; et un exercice de langage a terminé la leçon. Dans une quatrième partie, les enfants, arrivés au haut d'une colline, ont été invités à observer les formes et les cultures du vallon qui s'étendait à leurs pieds : ils ont pu ainsi se rendre compte exactement des « rapports » qui existent entre le relief et les productions du sol; des gradins, aménagés par les habitants pour rendre la culture plus facile à l'endroit des pentes trop raides, leur ont même appris comment l'homme avait su tirer profit du milieu physique dans lequel il vit. Et enfin, au coin d'un bois, à l'ombre des grands arbres, c'est-à-dire dans un cadre admirable pour goûter la douceur de la flânerie, le maître a lu à ses enfants le *Sous-préfet aux champs*, de DAUDET. — Calcul mental, calcul écrit, exercice d'observation et de langage et préparation à la composition française, géographie, et lecture par le maître : ne sont-ce pas là les « plusieurs exercices différents » réclamés par le règlement et par M. DUFRENNE[1] ? »

En résumé, la classe-promenade, qui non seulement répond aux indications des programmes, mais, par son organisation régulière et méthodique, permet de les suivre, se prête encore à toutes les exigences des règlements scolaires. Pas besoin pour elle de législation spéciale; elle ne demande même aucune modification d'horaire, elle se déroule entre les heures d'entrée et de sortie habituelles; seulement, pendant cette classe, on est toujours sorti....

1. Th. Danteuille, *École Nouvelle*, 7 août 1909.

La collaboration des maîtres.

Pour réussir, puisqu'elle repose sur l'observation et la connaissance du milieu, un milieu qui change avec chaque région, et même, si peu que ce soit, avec chaque commune, la classe-promenade réclame au suprême degré l'initiative avisée et persévérante des maîtres. A quel point j'avais raison de compter sur leur intelligence, on l'a pu voir par l'analyse de cette classe-promenade si bien dirigée par l'un d'entre eux, et qui n'est pas une exception en Haute-Marne.... Leur bonne volonté, acquise dès le premier jour, ne s'est pas démentie, et je pourrais dire leur dévouement même. Jugez-en par cet extrait d'un rapport d'inspection primaire : « sept heures et demie. — J'arrive à Th.... Personne à la maison d'école; porte close. — Un voisin m'informe que M. B... (l'instituteur de l'école mixte, qui a cinquante-cinq ans) est parti depuis une demi-heure avec ses élèves « du côté de la Cour des Pruneaux ». Je remonte aussitôt sur ma bicyclette et je pars à la recherche de la classe-promenade. De temps à autre, je demande quelques renseignements : un cultivateur précise la direction que je dois suivre; un autre m'apprend que « les élèves chantent en marchant » et qu'ils ont gravi vers sept heures et demie la côte que je vois là devant moi du côté de R.... — Tout en pédalant, je me demande comment M. B... qui est presque perclus, peut parcourir tant de chemin en si peu de temps! Je ne tarde pas à l'apprendre : c'est en charrette qu'il est parti, en charrette attelée d'un bon petit poney, et c'est Mme B... elle-même qui conduit les rangs. — Huit heures. — Des éclats de voix et des rires m'annoncent enfin que j'arrive au but : près d'un bouquet de grands arbres, je débouche au milieu des élèves qui prennent un peu de repos sur le gazon, et achèvent leur déjeuner. Surprise générale : il paraît qu' « on n'attend jamais un inspecteur en classe-promenade ». M. B... — pas intimidé du tout pourtant — me l'avoue... et rit de bon cœur. Puis il m'expose son programme.... » Voilà l'inspection de la classe-promenade prise sur le vif; et quel plaisir de collaborer avec de tels « braves gens » !

Cette collaboration des maîtres ne s'est d'ailleurs pas bornée à la conduite et à la direction des classes-promenades. A l'occasion des examens du Certificat d'études qui amènent au chef-lieu du canton les maîtres et les maîtresses d'un même ressort, ils se sont réunis sous la présidence des inspecteurs primaires en de petites conférences, où ils se sont entretenus des nouveaux exercices, ont confronté leurs procédés, et reçu de leurs inspecteurs des compléments de direction.

Des rapports qui me sont parvenus, des carnets de préparation parcourus dans mes visites d'écoles, des devoirs d'élèves, des cahiers, des *albums* même de classes-promenades que j'ai là sous les yeux, avec leurs dessins, leurs photographies, leurs croquis de route, il émane cette impression très netté que les classes-promenades répondent à des besoins sentis depuis longtemps par les maîtres, et qu'elles vivront, parce que les maîtres veulent qu'elles vivent.

L'éducation des sens.

On peut en constater déjà les bons résultats. C'est d'abord les sens qui se développent, alors qu'entre les murs de la classe ils somnolent. La culture physique et l'éducation intellectuelle se combinent. Nos élèves apprécient les distances, au moyen de l'œil. Telle longueur vérifiée, ils la reportent à vue sur un champ ou une route, et la contrôlent de nouveau, jusqu'à ce qu'elle se fixe dans leur mémoire visuelle. Ils observent la hauteur perspective d'un homme, d'une maison, d'un arbre, à différentes distances.... Puis c'est un paysage qu'ils débrouillent, cherchant les grandes lignes, discernant les couleurs. Les tout petits ne sont pas inactifs : ils cueillent, par exemple, un nombre fixé de feuilles, de fleurs (et voilà de l'arithmétique), puis les groupent suivant la nuance ou la forme, ou font un bouquet où n'entrent que telles couleurs indiquées d'avance; et là-dessus, un frais exercice de langage. Devant la réalité d'ailleurs, bien vivante, les plus petits s'intéressent, et nous sommes loin du cours préparatoire assoupi dans tant d'écoles à un seul maître.

Le goût et l'odorat s'exercent aux fleurs que l'on respire et aux fruits que l'on cueille, à l'odeur de

la terre qui s'ouvre, du pré qu'on fane, du bois de
pins. L'ouïe maintenant : j'extrais d'un rapport
d'inspection : « Les exercices d'éducation des sens
ont pris une part prépondérante à F... où le cours
préparatoire est en majorité. Dans l'avant-dernière
promenade les élèves ont écouté le bruit de la
rivière sous le pont et à 50 mètres en amont. Il
était renforcé au premier endroit avec un courant
rapide : on n'a pas prononcé le mot de caisse de
résonance, mais on l'a laissé pressentir. Plus loin
on a essayé de faire distinguer le bruit par le
marteau sur la petite enclume du coutelier de celui
que rend la grosse enclume du maréchal-ferrant.
C'était d'abord un exercice d'orientation (lieu
d'origine du bruit), ensuite une question de masse
vibrante (par rapprochement, la grosse cloche, le
bourdon, la clochette, etc.). »

Le dessin. Le travail manuel.

Les mains s'exercent, en même temps que les
yeux, aux exercices pratiqués de l'arpentage, du
cubage de bois, etc., qui rapprochent l'enfant
de la terre et du métier familial. Regardez maintenant ces écoliers arrêtés : le passage est extrait
cette fois d'un compte rendu d'élève, où l'on n'a
pas changé un mot : « L'un de nous ayant rencontré une primevère, nous entourâmes la plante
et nous fîmes nos observations. Quelle jolie plante !
Les feuilles sont disposées en rosace, elles sont
épaisses, gaufrées. Au milieu s'élèvent des hampes,

qui se recourbent gracieusement sous le poids des
fleurs. Le calice est une clochette dentelée. La
corolle est un tube délié qui s'échappe du calice
en donnant quatre pétales d'un jaune d'or.... »
Mais ces enfants n'ont pas seulement observé la
plante, ils l'ont dessinée d'après nature, et j'ai là
les croquis. Les mêmes élèves avaient dirigé à
tour de rôle la promenade à l'aide d'un croquis
topographique, fait avant le départ d'après la
carte d'état-major.

Voici maintenant des cahiers où des fillettes ont
esquissé naïvement les monuments et les paysages
notés aux haltes les plus intéressantes de la promenade. L'on a, en mai, cueilli du lilas, et l'on compose, d'après les feuilles étudiées, une bordure
ornementale. L'un des devoirs est souligné par
une sorte de cul-de-lampe, de cinq fleurettes ; mais
lisons, nous sommes au travail manuel aussi :
« Coin pour broderie dessiné d'après les églantines
que nous avons cueillies ». — Là enfin où le maître
est photographe, il prend, au point le plus carac-
téristique, le paysage et ses élèves ; et sans compter le joli souvenir dont on illustre ainsi le cahier
de roulement ou l'album de classes-promenades,
n'est-ce pas dire à tous, parents et enfants, le prix
de ces beautés naturelles, au milieu desquelles on
vivait souvent en aveugles, et soudain révélées
aux yeux neufs des écoliers ?

L'éducation intellectuelle.

Je pourrais prendre en détail les matières du programme, et montrer combien leurs éléments s'éclairent et se vivifient au cours des classes-promenades. Je multiplierais facilement les exemples, et pourtant mon enquête est loin d'être complète. Les leçons changent avec les milieux; mais les cahiers que l'on m'a communiqués, les sommaires que je feuillette en ce moment, surtout si je pense qu'ils représentent le travail fait ou prévu d'un nombre relativement restreint d'écoles, ces modestes documents me permettent d'affirmer que la majeure partie des programmes sera vue, observée, pensée, sur le terrain.

En géographie, tous les termes ont pris vie et couleur, et les enfants ont senti les rapports physiques, hygiéniques, économiques, historiques, qui lient la terre et les hommes.

En histoire, les leçons faites parmi les restes ou les ruines des châteaux et des abbayes, dans les vieilles églises, aux points stratégiques, sur les champs où passèrent des armées, partout où un souvenir s'attache, ces leçons galvanisent le passé. Les enfants du village apprennent son origine. Voici les écoliers de S... descendant la côte de la Fontaine qui donne son nom à la commune, et l'un d'eux écrit : « Derrière la Fontaine il y a un vaste pré appelé le Prieuré. C'est là qu'il y a plus de mille ans, on avait bâti S.... On y trouve encore, en piochant, toutes sortes de débris. Même l'oncle de Gabrielle a trouvé une pièce en or datant du règne de Louis XIV. » Un autre apprend que « dans cette forte dépression de terrain entre la maison Doré et la maison Jacquillet » passait « le fossé large et profond qui isolait le château du reste du village et empêchait les ennemis d'y entrer. Le pont-levis se trouvait à la place de la maison Jossinet, et la porte massive du château se trouvait derrière. » J'aurais cent exemples. Et les maîtres n'oublient pas d'opposer la vie d'autrefois et la vie d'aujourd'hui : ils peuvent montrer les deux termes de l'antithèse. Que l'on se figure maintenant, le soir, les enfants rapportant leurs émotions toutes fraîches à la table de famille, et toute la maisonnée ouvrière et paysanne intéressée à l'histoire du pays !

Le calcul et la géométrie se concrétisent, et ici, nul besoin de preuve. On évalue, on arpente, et, au retour, on vérifie au plan cadastral l'estimation que l'on a faite du pré, du vignoble, ou du champ.

Les sciences naturelles sont vivantes : on examine les terrains, on suit les progrès des cultures, on collectionne insectes, plantes, minéraux. On essaie de petits herbiers. « Nous entrons — écrit une élève — dans une sorte de lande. Ce terrain est crevassé, couvert de blocs de roches. Là nous faisons plusieurs petites découvertes : nous ramassons de jolies pierres dans lesquelles se trouvent des coquillages fossiles, des filons de fer » : c'est le musée scolaire qui se monte. Et voici une

fillette de onze ans qui juge la leçon de botanique
en plein air, avec des fleurs dans les tabliers :
« J'ai très bien compris cette leçon, parce que les
fleurs étaient très belles et surtout plus fraîches
qu'à l'école. J'en distinguais bien mieux les différentes parties. »

Jamais leçons de choses n'ont été plus directes;
et nous touchons surtout par elles à la régionalisa-
tion pratique de l'enseignement. Pas une industrie,
pas un métier local n'a échappé ou n'échappera à
l'attention des écoliers dirigée méthodiquement
par les maîtres et les maîtresses. Je picore dans
mes sommaires. On suit tous les travaux cham-
pêtres : amendement des différents sols du terri-
toire et, au préalable, analyse de la terre, labours,
semailles, moisson avec le travail des machines,
fenaison. On va au verger et à la vigne, au jardin
de l'horticulteur où l'on fait une si jolie leçon sur
les chrysanthèmes; dans les buissons, on greffe et
on écussonne des rosiers. Du champ on passe à la
forêt : visite, ici, d'une coupe de bois en exploitation, où travaillent des charbonniers; là, arpentage
d'une friche et leçon sur le reboisement. Puis on
rentre à la ferme : étables, granges, laiterie,
ruches. Je lis çà et là : visite à la fromagerie, à la
tuilerie, à la fonderie, à l'atelier des machines, à
la ganterie, à la carrière, à la sablière, au moulin,
à la carrière de meules. Les petites filles ont visité
ici, un atelier de brodeuses : elles y ont vu avec
admiration faire la broderie sur tulle, le filet,
l'incrustation sur toile; là, un atelier de trico-

teuses; ailleurs; elles ont longuement parcouru l'École ambulante ménagère et agricole, et voilà de futures élèves! Mais toutes ces visites, me dira-t-on, n'ont pu avoir lieu sans le consentement des directeurs d'exploitation, des propriétaires, des fermiers. Au contraire, ce sont eux souvent qui ont invité nos garçons et nos fillettes et les ont guidés; et les comptes rendus donnent gentiment leurs noms. Quelle collaboration féconde et touchante de la commune et de l'école!

J'avais recommandé aux maîtres de profiter des haltes de la promenade pour faire à leurs enfants, dont l'intelligence et la sensibilité seraient toutes prêtes, une lecture qui condense les impressions de la route. C'est peut-être la partie où il reste le plus à faire et à chercher : le choix des lectures n'est pas toujours commode, tout professeur le sait bien. J'ai trouvé cependant, çà et là, des inspirations heureuses. L'on se rappelle la délicieuse lecture, dans son vrai cadre, du *Sous-préfet aux champs*. Plusieurs fables de LA FONTAINE ont aussi revécu dans le plein air. Après avoir montré à ses élèves les travaux de la fenaison, à l'ombre d'un bois en bordure du pré où, sous le grand soleil, s'agitaient les râteaux, un maître a lu la jolie lettre de Mme DE SÉVIGNÉ : « Savez-vous ce que c'est que faner? Il faut que je vous l'explique : faner est la plus jolie chose du monde : c'est retourner du foin en batifolant dans la prairie; dès qu'on en sait tant, on sait faner.... » Mais la petite fille du compte rendu ajoute, et ce serait peut-être d'une fine critique : « Je ne suis pas du tout de l'avis de Mme DE SÉVIGNÉ : Faner n'est pas si gai que cela, c'est un travail fatiguant, et les faneuses de Sexfontaines, qui se dépêchent beaucoup, peinent tout le jour par une chaleur accablante, n'ont pas grande envie de batifoler ! »

Voici les lectures prévues pour l'an prochain par une institutrice : A. THEURIET, *Soir d'automne;* — LAMARTINE, *Novembre;* — E. ZOLA, *les Semailles dans la Beauce;* — TH. GAUTIER, *la Source;* — TH. GAUTIER, *Premier sourire du printemps;* — E. RECLUS, *Naissance d'un ruisseau;* — MICHELET, *la Végétation au printemps;* — CH. FRÉMINE, *les Pommiers;* — V. HUGO, *l'Arbre;* — MICHELET, *l'Abeille;* — V. HUGO, *la Nature;* — A. FRANCE, *A travers champs;* — LECONTE DE LISLE, *Juin;* — A. THEURIET, *le Tilleul.* — Que pensez-vous de ce choix qui suit l'ordre des saisons? et nos petits élèves, fils et filles de paysans et d'ouvriers, qui auront vécu l'image écrite, n'auront-ils pas les yeux, les sens et l'âme ouverts à la beauté?

Le compte rendu par les élèves.

Mais c'est au compte rendu écrit par les élèves que se mesure le mieux le profit de la classe-promenade. Et je ne parle plus ici des choses apprises, mais de ce gain intellectuel général, qui se manifeste par la précision, la clarté, la franchise, et même la couleur du langage. On discute partout sur la crise du français : le remède ne serait-il pas que l'on mette davantage nos élèves, à tous les degrés de l'enseignement, en face des choses? Les mots ne sont que leurs signes : et comment les comprendre et s'en servir, si l'on ignore les objets qu'ils représentent? Comment le critique littéraire jugera-t-il de la vérité, de la fraîcheur neuve d'une image, s'il n'a pas assez l'accoutumance de la nature pour y trouver des points de comparaison et des termes d'épreuve?

Les rapports d'inspection sont unanimes à constater le gain de vocabulaire de nos plus jeunes élèves. Auparavant les choses qui leur devaient être les plus familières, les métiers de leurs parents, par exemple, on ne s'imagine pas combien elles leur restaient vagues et lointaines. Cela commence à changer : « Dans une visite à la tôlerie — m'écrit un inspecteur primaire — les élèves de l'école mixte de V... ont pu voir de près le travail des pères ou des frères de quelques-uns d'entre eux. Quand on les interrogeait jadis, ils répondaient invariablement : « Ils travaillent à l'usine ». Si on voulait un peu plus de précision, on n'obtenait guère que le silence ou des réponses bizarres. Maintenant qu'ils ont vu des fours (qui servent à cuire du fer, c'est l'expression de l'un deux), ils parlent avec plus de netteté..., »

Les exercices d'élocution pratiqués en face des objets eux-mêmes, dans les conditions de la vie, sont d'une fécondité inépuisable; et au retour, les enfants les plus jeunes du cours élémentaire, pour lesquels il semblait n'y avoir qu'exercices assommants de grammaire ou de copie, répondent maintenant, modestement sans doute, mais avec leurs souvenirs à eux, aux petites phrases préparées par le maître, au questionnaire de la promenade.

Les plus grands font le compte rendu. Je n'aurai pas le ridicule de prétendre que ces candidats et candidates au Certificat d'études sont de petits écrivains ni même promettent de l'être. Il y a encore dans leurs devoirs une belle provision de clichés et parfois d'incorrections de syntaxe. Mais ils travaillent d'après nature; et d'avoir vécu leurs idées et leurs sensations enfantines, je vous assure que quelques-uns trouvent, sans les chercher, des phrases de vérité et de fraîcheur. Voyez, d'une petite fille de onze ans : « Nous marchons un moment sur le chemin, puis nous nous engageons dans un petit ravin étroit et à pic, bordé de haies épineuses. Nous entendons le gai gazouillis des oiseaux qui chantent au loin dans les grands bois remplis d'ombre et de fraîcheur.... » Cette note sincère d'un garçonnet : « Nous étions à l'ombre du bois du Val Gressau, et nous ne marchions pas vite, parce que nous nous trouvions bien à l'ombre ». Celle-ci à son certificat d'études : « Nous nous sommes mis en rang devant l'école et nous nous sommes dirigés du côté de la fontaine. Le chemin était très gai : d'un côté, des buissons et des sapins, de l'autre, une haie, et tout cela embroussaillé de noisetiers, de sureaux blancs, d'églantines roses; la côte était embaumée, le soleil perçait à travers le feuillage, et on aurait dit marcher entre deux buissons de fleurs. » Lisez enfin — l'écrivain a douze ans et demi — cette description de la vallée de la Marne à Chamarandes : « Quelle vue splendide ! La vallée était à nos pieds. La Marne y dessine une série de courbes gracieuses. A côté de la rivière s'allonge la belle avenue d'eau du canal, bordée de hauts peupliers. L'eau était d'un vert glauque. En amont et en aval du village s'étend une prairie où paissaient des bœufs blancs et rouges. Chamarandes fait très bien dans ce paysage, avec ses pignons gris, ses façades blanches, ses verts tilleuls, ses noirs sapins, son vieux château et la cheminée de son usine qui fait monter l'eau à Chaumont. La vallée est bordée de coteaux boisés où on distingue bien les essences à la couleur du feuillage : les hêtres, les sapins, les chênes. Dans les coteaux, la roche calcaire se montre à nu à chaque instant : sur sa blancheur de craie, l'ombre noire des grands sapins se dessinait très nettement. Au-dessus des coteaux, des moutons broutaient l'herbe rare du sol pauvre. A gauche de la vallée s'alignent encore des coteaux escarpés. Un de nous fit remarquer de ce côté un champ de seigle qui ondoyait sous le vent comme une petite mer…. » Songez, après cela, que nous sommes à l'école primaire…. Nos garçons et nos fillettes plus tard n'écriront pas ; ils travailleront à l'usine, aux champs, aux bois, à la ferme ; — mais ils sauront se ménager de douces haltes de lecture et de contemplation.

L'éducation morale.

Ils sauront aussi la dignité de leur vie ouvrière et paysanne : et là encore la classe-promenade aura complété la leçon de morale de l'école. Je passe sur les conseils familiers de morale pratique appelés par les petits incidents de la route. Je n'insiste pas sur la connaissance plus complète et plus délicate que les maîtres prendront de leurs élèves : ce qu'il y a en effet d'artificiel et de trop rigide dans l'école fermée empêche l'épanouissement libre de l'élève. En plein air, les contraintes tombent; entre le maître et les élèves, il y a plus de confiance, de laisser-aller; on se montre sous son vrai jour. Mais j'insiste sur la grande leçon que donne aux enfants le spectacle des travaux quotidiens, promus à la dignité de sujets d'étude. Le jour où les élèves de l'école mixte de M.. ont visité la ferme de la grande Nicole, ne pensez-vous pas que le commentaire par la maîtresse, dans la maison de ferme, de cette maxime « Tant vaut la femme tant vaut la ferme » ait fait impression? Quand le maître photographie, dans leur vrai décor, en habits de travail, le vigneron traitant sa vigne contre le black-rot, les accoleuses, le carrier, les faneuses, les moisson-neuses, et ce faucheur superbe dans sa pose à la *Constantin Meunier*, l'enfant prend conscience de la noblesse du travail, — et l'ouvrier, le paysan en prend conscience avec lui.

Car c'est peut-être là qu'il faut voir la raison

profonde de la sympathie unanimement montrée par les populations aux classes-promenades. Sans doute les récits de leurs enfants, rentrant animés à la maison, ont prouvé aux parents l'utilité de l'enseignement concret; mais ils ont senti aussi que c'est à leur vie et à leurs professions d'honnêtes travailleurs que l'école ainsi rend hommage.

Un inspecteur primaire me rapportait récemment le mot d'un jeune fermier, rencontré en tournée, et qui lui avait parlé des classes-promenades : « Il y a assez longtemps qu'on voyait les choses en encre : ce n'est pas dommage qu'on les voie un peu en vrai. » *Il y assez longtemps qu'on voyait les choses en encre* : je chercherais en vain plus pittoresque conclusion.

L'ENSEIGNEMENT
DE LA MORALE A L'ÉCOLE
PUBLIQUE[1]

LA lettre de l'Épiscopat français du 14 septembre 1909, les discussions passionnées qu'elle a soulevées dans le Parlement et qui n'ont point cessé dans le pays, ont porté et maintiennent au premier plan de l'actualité la question de l'enseignement moral à l'école laïque. Nous voudrions la traiter ici avec une entière sincérité, et le souci de contribuer, autant qu'il est en nous, à la pacification des esprits.

Le rôle de l'école publique.

L'école laïque, par cela seul qu'elle est publique, qu'elle est organisme d'une démocratie, ne peut rien entreprendre contre la conscience des citoyens. Le monopole de fait qui existe pour elle dans la majorité de nos communes, l'obligation scolaire,

1. L'*Éducation* (juin 1911).

rendent plus stricte encore la nécessité de limiter l'enseignement aux seules choses acceptables à tous les hommes de bon sens et de bonne foi. L'obligation scolaire apparaîtrait, en effet, comme une intolérable tyrannie, s'il y avait à l'école des doctrines d'État, et si le père de famille pouvait craindre sur la conscience de ses enfants, des entreprises que leur âge sans défense rendrait particulièrement odieuses.

Mais le rôle de l'école ne peut s'exprimer dans une formule négative. Ces choses acceptables à tous sont justement le bien indivis de tous; et l'école les enseigne seules, pour que les citoyens, partagés entre les doctrines des religions et des partis, aient la possibilité de communier au moins en elles, de se sentir solidaires en elles. L'école publique doit faire ainsi, dans la liberté, l'unité profonde de la nation.

La morale des programmes de 1882.

Disons-le franchement dès le début de cette étude : la morale enseignée actuellement à l'école publique est établie en dehors de tout dogmatisme métaphysique ou religieux. C'est une constatation de fait qu'elle n'a Dieu ni pour principe ni pour fin, si du moins on entend Dieu au sens des religions positives et du déisme spiritualiste. Nous verrons d'ailleurs qu'elle ne se réclame pas le moins du monde de l'athéisme matérialiste, et que, fondée sur l'expérience et la raison, elle est soulevée d'un levain puissant d'idéalisme.

La morale laïque est donc devenue une morale « indépendante ». Mais c'est justement une question de savoir si cette morale indépendante ne s'est pas installée à l'école publique en violation de la loi. Les programmes officiels de 1882 — qui ne sont pas abrogés — comportent, au cours moyen, où sont reçus les enfants de neuf à onze ans, un paragraphe sur les *Devoirs envers Dieu*; et cela vaut une citation précise :

L'instituteur n'est pas chargé de faire un cours *ex-professo* sur la nature et les attributs de Dieu: l'enseignement qu'il doit donner à tous indistinctement se borne à deux points : d'abord, il leur apprend à ne pas prononcer légèrement le nom de Dieu; il associe étroitement dans leur esprit à l'idée de la Cause première et de l'Être parfait un sentiment de respect et de vénération, et il habitue chacun d'eux à environner du même respect cette notion de Dieu, alors même qu'elle se présenterait à lui sous des formes différentes de celle de sa propre religion. Ensuite, et sans s'occuper des prescriptions spéciales aux diverses communions, l'instituteur s'attache à faire comprendre et sentir à l'enfant que le premier hommage qu'il doit à la divinité, c'est l'obéissance aux lois de Dieu, telles que les lui révèlent sa conscience et sa raison.

Le programme du cours supérieur (enfants de onze à treize ans), plus particulièrement consacré à la morale sociale, se termine par la définition de la loi morale, qui « impose à chacun, dans le secret de sa conscience, un devoir que nul ne le contraint à remplir, mais auquel il ne peut faillir sans se sentir coupable envers lui-même et envers

Dieu ». Ces programmes sont évidemment d'inspiration spiritualiste et déiste; et Jules Ferry le déclarait d'ailleurs nettement au Sénat[1], dans sa réponse à M. de Broglie sur les livres destinés aux écoles primaires publiques : « La neutralité confessionnelle n'implique en aucune façon la neutralité philosophique ». Or il n'est pas douteux que la neutralité de l'école publique actuelle soit philosophique, et non plus seulement confessionnelle. Et dans le magnifique tournoi d'idées qui honora, pendant de longues séances, la tribune du Parlement en janvier 1910, M. Groussau posait au Gouvernement la question suivante :

Est-il capable, à l'heure actuelle, de faire respecter la neutralité qui a été promise par les auteurs de la loi de 1882? J'ai démontré qu'on considérait comme une condition indispensable de l'obligation imposée aux pères de famille, l'établissement d'une neutralité spiritualiste, qui, suivant l'expression de M. Ch. Dupuy, ancien ministre, contenait un minimum d'enseignement religieux[2].

La neutralité suivant Jules Ferry.

La question de M. Groussau renfermait cependant une double équivoque. Jamais Jules Ferry n'aurait admis que la « neutralité spiritualiste » contînt « un minimum d'enseignement religieux ». Il s'était, au contraire, et vivement élevé à de nombreuses reprises, devant la Chambre et le

1. *Journal Officiel*, 1er juin 1883.
2. *J. O.*, 18 janvier 1910.

Sénat[1], contre l'introduction des mots de « morale religieuse » dans les textes organisant l'enseignement primaire. « La morale religieuse, — disait-il, — c'est une porte ouverte, par laquelle on fait rentrer l'enseignement confessionnel à l'école », et il avait auparavant proclamé, qu'elles fussent platonicienne, chrétienne, kantienne, évolutionniste, utilitaire, positiviste, « la merveilleuse unité de toutes ces morales ». Enfin, contre M. Jules Simon, il combattit avec ténacité, et finalement fit écarter l'inscription *dans la loi* des « devoirs envers Dieu ».

Mais alors, comment expliquer que cette expression bannie de la loi fût inscrite *dans les programmes*? Jules Ferry s'en est encore expliqué plusieurs fois : c'était pour une raison de convenance et d'opportunité :

Pourquoi? — disait-il en 1881 — Parce que l'immense majorité du corps enseignant appartient aux doctrines spiritualistes[2].

Et deux ans plus tard, il renouvelait l'argument :

L'immense majorité des membres de l'enseignement est spiritualiste. Eh bien! demander un enseignement moral à un corps enseignant qui est spiritualiste, et lui défendre de se montrer croyant et spiritualiste dans son enseignement, ce serait commettre une étrange contradiction[3].

1. Cf. en particulier, ses réponses à M. Keller (*J. O.*, 24 déc. 1880) à MM. de Broglie et Ravignan (*J. O.*, 11 juin 1881), à MM. Delsol et de Parieu (*J. O.*, 3 juill. 1881).
2. *J. O.*, 3 juillet 1881.
3. *J. O.*, 1er juin 1883.

Mais s'ensuit-il que Jules Ferry, avec « les auteurs de la loi de 1882 », imposât à tous les maîtres le credo spiritualiste, et fermât l'école à ceux qui refuseraient ce credo? En aucune façon; car il eût alors inscrit les devoirs envers Dieu dans la loi; et nous savons qu'il les en a expressément écartés, ne pouvant admettre que la morale de l'école laïque fût liée, de par la loi, à une métaphysique. Et cela est si vrai que, dans le même moment, Ferry se refusait à condamner la morale indépendante :

> Je dis que c'est une forme de l'esprit sectaire qui inspire ces violentes philippiques que nous entendons tous les jours fulminer contre les écoles de philosophie qui s'efforcent de constituer une morale à l'état scientifique, une morale indépendante du dogme, indépendante des notions métaphysiques; je dis qu'il y a de l'esprit sectaire à trouver cela mauvais; je dis que, au point de vue de l'homme d'État, de celui qui a souci du bon ordre dans la société, je ne comprends pas, si catholique qu'on soit, qu'on jette la pierre à des penseurs qui s'efforcent de fortifier la morale en lui donnant des assises indépendantes de toute affirmation dogmatique[1].

Le spiritualisme généralement professé par l'Université ne lui semblait nullement enchaîner la conscience de chacun de ses membres :

> Je ne veux pas dire que, cet état d'esprit étant donné, il s'ensuive, pour la liberté scientifique, une restriction quelconque. Oh! ces choses se passent dans un domaine où la liberté de la pensée est la première

____
1. _J. O._, 24 déc. 1880.

règle, parce qu'elle a été la première et la commune conquête. Il n'y a pas de corps plus libéral, au point de vue des doctrines, que l'Université, et vous verrez certainement éclore dans son sein des intelligences plus hardies, plus osées, si vous voulez, qui chercheront à dégager les dogmes de la morale des dogmes de la théodicée. Tout cela s'accommode de mœurs profondément libérales, qui sont les mœurs mêmes de l'Université française[1] . (*Très bien! très bien!*)

Il ne s'agit pas là, si l'on peut dire, d'une tolérance de style : deux ans plus tard, Jules Ferry se refusait à proscrire des écoles primaires les manuels enseignant une « morale indépendante », ceux « dans lesquels le nom de Dieu n'est pas prononcé, où la morale est présentée comme une œuvre de raison, où il n'est fait appel qu'à des mobiles humains ». Après les avoirs montrés, même « les plus dégagés des données métaphysiques et religieuses », respectueux du domaine religieux et prêchant la tolérance, il ajoutait :

J'en conclus que, si nous avons le droit de leur demander la neutralité confessionnelle, la neutralité religieuse, nous devons, d'autre part, leur laisser à tous — aussi bien à ceux qui cherchent à donner à la morale une base purement scientifique, indépendante, humaine, positive, qu'à ceux qui la rattachent à des sanctions d'ordre supérieur et à un idéal plus élevé — nous devons, dis-je, leur laisser à tous puisqu'ils servent tous la même cause, une égale liberté[2].

Tous les maîtres, déistes ou non, restaient donc, pour Jules Ferry, habilités à donner l'enseigne-

1. *J. O.*, 24 déc. 1880.
2. *J. O.*, 1ᵉʳ juin 1883.

ment moral. A tous, d'ailleurs, les programmes et les Instructions officielles de 1882 facilitaient la tâche, par une rédaction qui, sur tous les points délicats, ménageait toutes les consciences. Remarquons que l'instituteur n'a pas à discuter, à l'école primaire, les bases du devoir ; et c'est par ces bases que la morale toucherait aux religions et aux théodicées ; son rôle se borne à faire aimer et vivre à l'enfant les préceptes pratiques que toutes les morales, suivant J. Ferry, sont unanimes à affirmer, « à faire faire à tous ces enfants — disent les Instructions officielles — l'apprentissage effectif de la vie morale ». Les lois de Dieu sont aussi celles « que révèlent la conscience et la raison ». Et tous enfin, déistes ou non, peuvent « se sentir unis dans ce culte général du bien, du beau et du vrai, qui est aussi une forme, et non la moins pure, du sentiment religieux ».

Ainsi, la neutralité spiritualiste, dont parlait M. Groussau, ne fut jamais considérée par J. Ferry « comme une condition indispensable de l'obligation imposée aux pères de famille ». L'inscription dans les programmes des devoirs envers Dieu n'avait rien d'impératif qui s'imposât absolument à la conscience de tous les maîtres. Par cette inscription, Jules Ferry reconnaissait le sentiment de la majorité des éducateurs, mais il laissait libres les autres ; et si les adeptes de la morale scientifique avaient formé cette majorité, nul doute que les devoirs envers Dieu n'eussent point figuré dans les programmes davantage que dans la loi.

Légitimité de la position actuelle.

Or la minorité est devenue majorité, et la liberté qui lui était reconnue de ne faire, dans ses leçons de morale, aucun appel à l'idée de Dieu, est devenue la règle de tous. Je dis de tous, même de ceux qui demeurent spiritualistes et croyants, parce qu'une évolution incessante s'est poursuivie dans la philosophie moderne, qui rend inacceptable à certaines intelligences et à certaines consciences l'idée d'un Dieu personnel et provident, et qu'à cette évolution correspondent une conception et une pratique de plus en plus strictes de la neutralité scolaire. La neutralité confessionnelle pouvait généralement suffire en 1882 ; les maîtres de l'école publique actuelle croient de leur devoir d'y ajouter la neutralité philosophique. Ils voient grandir chaque jour le nombre des pères de famille « libres penseurs », depuis ceux qui, sans penser, professent un enfantin matérialisme, jusqu'à ceux qui, avec Guyau, entendent ne laisser tomber les dogmes des religions et des métaphysiques, que pour communier plus librement avec le divin. Ils continuent d'entendre les sereines paroles de Jules Ferry :

Demandez-vous si un père de famille, je dis un seul, présent à votre classe et vous écoutant, pourrait de bonne foi refuser son assentiment à ce qu'il vous entendrait dire. Si oui, abstenez-vous de le dire ; si non, parlez hardiment ; car ce que vous allez communiquer à l'enfant, ce n'est pas votre propre sagesse, c'est la sagesse du genre humain, c'est une de ces idées d'ordre universel que plusieurs siècles de civilisation ont fait entrer dans le patrimoine de l'humanité [1].

Ils ne peuvent plus considérer, même ceux qui la gardent, l'idée du Dieu personnel de la métaphysique spiritualiste comme une « idée d'ordre universel »; et alors ils laissent tomber de leurs programmes les « devoirs envers Dieu », au moins comme expression d'une philosophie particulière; et « au-dessus des divergences spirituelles, des dogmes métaphysiques, religieux, qui opposent les citoyens », ils croient que leur « mission », suivant la parole d'un de leurs maîtres, « est de dégager l'idéal social, rationnel, humain, qui peut les unir [2] ».

L'évolution des programmes.

D'ailleurs, cette évolution se marque depuis près de vingt ans, dans l'enseignement primaire supérieur, puis dans l'enseignement secondaire des garçons et des filles, dont les programmes de morale ne portent plus mention des « devoirs envers Dieu ». Enfin, les nouveaux programmes d'enseignement des Écoles normales primaires d'instituteurs et d'institutrices, établis par les décret et arrêté du 4 août 1905, consacrent cette évolution prévue il y a trente ans par Jules Ferry : « les dogmes de la morale » sont dégagés « des

1. *Lettre aux Instituteurs*, 17 nov. 1883.
2. Gabriel Séailles, *Éducation ou Révolution*, p. 61.

dogmes de la théodicée[1] ». Et comment demander aux instituteurs d'enseigner à leurs enfants les « devoirs envers Dieu », quand ils ne reçoivent plus, sur ce délicat sujet, aucune leçon, dans le cours, complètement laïcisé, de l'école normale? Le chapitre des « devoirs envers Dieu » fait place désormais au chapitre de la « liberté religieuse et *philosophique* » et de la « tolérance[2] ».

L'école « neutre »
peut-elle enseigner une morale?

Mais, sans credo religieux ni métaphysique, l'école publique, l'école neutre peut-elle encore enseigner une morale? A force de vouloir respecter les consciences, aura-t-elle encore un aliment solide à leur offrir?

Il n'y a pas moyen — déclare M. Maurice Barrès — de rien dire en morale, et même en histoire, sans se rattacher à l'une des grandes conceptions de l'univers. En morale, en histoire, il est impossible de donner aucun enseignement, de donner aucune forme à sa pensée sans prendre parti.... Il ne peut pas y avoir d'instituteur digne de ce nom qui soit vraiment neutre. Un digne instituteur, celui que nous respectons et qui se rend utile, c'est celui qui se préoccupe de communiquer une flamme à l'enfant, de donner une âme.... Cette fameuse neutralité ne peut être qu'un mot vide de sens ou une hypocrisie[3].

1. *J. O.*, 24 déc. 1880 (*loc. cit.*).
2. Programme de morale des Écoles normales.
3. *J. O.*, 19 janvier 1010.

Nous pourrions répéter que l'école primaire, s'adressant à des enfants de sept à treize ans, ne peut et ne doit rien leur apprendre de systématique sur les fondements de la morale, et qu'elle se borne à leur faire faire l'apprentissage du devoir. Mais il est bien évident que l'on n'enseigne pas la morale comme l'arithmétique, que rien ne vaut, en morale, sans l'accent du cœur, qu'il faut en effet que le maître communique à l'enfant une flamme : sans flamme, sans passion, il n'y a point d'éducateur.

Mais la neutralité éteint-elle le foyer intérieur de l'âme? Nous prétendons, au contraire, qu'elle l'épure, qu'elle permet au maître de communiquer aux âmes de ses enfants l'éclair sacré, qu'elle lui défend uniquement, pour laisser toute sa belle flambée libre à l'idéal, de jeter en même temps dans ces âmes, qui pourraient en être encombrées, le tison qui le porte. .

La neutralité de l'enseignement n'implique pas en effet la neutralité personnelle du maître. Il a, il ne peut pas ne pas avoir, sa « conception de l'univers », qu'il soit chrétien, déiste, panthéiste, moniste, qu'il adore un Dieu personnel, ou qu'il s'écrie avec Tolstoï : « Dieu, c'est *ce* à quoi j'aspire[1] ». Mais sa conception de l'univers, il sait aussi que d'autres ne la partagent pas, qu'elle n'est qu'une des multiples représentations qui satisfont la pensée et la conscience d'autres hommes; et alors ce n'est

---

1. Cité par M. Hébert, *le Divin*, p. 57 (Alcan, 1007).

pas à sa conception intellectualiste de l'univers que, dans son école, ouverte à tous, il rattachera son enseignement moral; non, mais il en transmettra à ses élèves l'élan profond. Et cet élan est justement le même qui stimule vers l'inconnu et l'infini toutes les autres doctrines. Toutes, en organisant l'univers, proclament ainsi que l'univers a un sens, que la vie a un sens; que ce sens, que cet idéal est révélé à l'homme, soit intuitivement, soit surtout au terme de réflexions volontaires et toujours perfectibles, par sa raison. Toutes, depuis le christianisme qui professe le « *Sit rationabile obsequium* » jusqu'au rationalisme intégral, fondent, en définitive, sur la raison, la vie intelligente et morale de l'homme. Toutes affirment que la réalisation du vrai, établi par la raison, est imposée à l'homme par la conscience, et que celui-là seul est moral, vertueux, honnête, qui se conforme à son verdict et se lève à son appel.

Dira-t-on, maintenant, que la neutralité philosophique de l'école la condamne à la neutralité, c'est-à-dire à l'impuissance morale? Le maître laïque y apporte une foi, la foi dans la raison humaine; il y apporte une religion, celle de la vérité, de la justice. En donnant à ses élèves le besoin profond de la justice et de la vérité, il affirme sans cesse implicitement le sens moral de l'univers, et il les arme tous aussi pour la conquête vaillante et sereine de leur idéal.

Les bases d'une morale sociale.

Mais on ne bâtit pas une morale sur un élan. L'élan, c'est la flèche qui surmonte l'édifice et perce inlassablement les nues. Il faut donc que cet élan, qui sonde l'avenir et dirige vers lui, s'élève sur des fondements solides, j'entends solides pour tous, même pour ceux qui ne comprendraient pas l'envolée de la flèche ni la direction de l'idéal. Les systèmes philosophiques, politiques, sociaux, diffèrent, en effet, suivant les tempéraments, les intelligences, les caractères; ils sont la construction du sens personnel, et l'école publique ne saurait ni les commander ni les prévoir. Le rôle de l'école publique, c'est de fournir, à toutes ces constructions futures, des matériaux éprouvés, honnêtes, avec la même règle de construction : la sincérité, la justice; de telle sorte que, pour le spectateur ému qui verrait de loin s'élever vers le ciel, sur les mêmes fondations, des superstructures diverses, clochers, dômes, minarets, frontons, tours de marbre ou de fer, ce qui se dégage, ce qui monte, les embrassant tous, ce soit la même aspiration fraternelle vers l'infini.

Or, il n'y a que le *fait* expérimental qui s'impose à tous, dont la réalité soit connaissable à tous, et à la constatation de qui aucun homme ne puisse se soustraire sans improbité ou déraison. Le fait vraiment *nécessite* : il ne dépend d'aucune puissance, d'aucun parti, d'aucun système d'empêcher qu'il soit. L'école publique, école d'union sociale, dont l'enseignement doit être acceptable à tous, ne peut donc avoir qu'une morale expérimentale, qui s'élève de la constatation des faits moraux, des faits sociaux, aux règles de large vie générale que le sens commun en déduit, que la conscience commune impose.

Il est bien évident que l'expérience externe n'est pas ici qualifiée seule : elle serait trop souvent réduite à ne cataloguer que des gestes, des indices d'une réalité intérieure qui lui échapperait dans son fond vivant. La méthode scientifique, a écrit Berthelot, « consiste d'abord à observer les faits, — je dis les faits internes, dévoilés par la conscience ou sensation intime, aussi bien que les faits du dehors, manifestés par la sensation extérieure ». Et c'est cette *sensation intime* qui nous dévoile le grand *fait interne* : celui du *devoir* : nous avons en nous la notion d'un bien et d'un mal; nous sentons vivre, agir, juger en nous, une autorité qui nous ordonne d'accomplir ce que notre raison a reconnu être le bien.

Il reste, ce devoir idéal, à le concrétiser, à l'épanouir en devoirs pratiques. Mais qui dressera la liste de ces devoirs, et au nom de quelle autorité? Le maître laïque ne peut pas, dans cette école de tous, des incroyants comme des croyants, les montrer révélés par une divinité, que tous ne veulent pas recevoir, qu'il ne lui est donc pas permis d'affirmer à tous, pas plus qu'il ne lui est permis de la nier. Il les montre, formulés par la raison, comme les relations entre les actions humaines et les lois physiques et morales, chaque jour plus distinctes, qui organisent la vie des hommes et des sociétés. L'homme est moral, satisfait sa raison et sa conscience, qui met ses actes en concordance avec ces lois, pour autant qu'il les connaît, et que, dès lors, il se sent engagé à connaître, qu'il tâche de comprendre, pour les vivre, par l'étude incessante et la réflexion scrupuleuse. Le maître enseignera donc à l'enfant les faits démontrables, tant sociaux qu'individuels, d'où se déduisent les devoirs moraux.

La morale individuelle.

Le premier fait que l'homme expérimente et observe, c'est lui-même. Il se connaît comme un composé de facultés et d'organes, qui demandent leur expansion. Il s'aperçoit qu'il y a, entre organes et facultés, une relation presque constante, et que la santé des unes et des autres est intimement liée. Il écoute l'adage antique : « Que ton âme soit saine dans un corps sain ». Il veut développer ses facultés et ses forces, pour ne pas rester inférieur à l'homme qu'il peut être : il cultive à la fois son corps et son âme; car il serait lâche et indigne de lui de ne pas vouloir se réaliser tout entier. La morale est encore ici tout individuelle : elle offre à l'homme un idéal personnel d'intégrité et de beauté.

Mais voici le fait social : l'homme ne vit pas seul, et dans la vie sociale, dans la vie en commun, il n'y a point d'acte à proprement parler individuel. Le plus indifférent peut avoir des conséquences heureuses ou malheureuses pour d'autres que pour son agent. Et l'on doit donc, en agissant, se préoccuper des résonances. L'homme connaît, par son expérience personnelle, la nature des hommes parmi lesquels il vit, et leurs besoins, et leurs droits égaux à ses droits. Dans le développement de ses facultés et de ses forces, sa raison lui pose, comme limite, le droit similaire d'autrui à l'expansion.

Dira-t-on que l'égoïste, le violent n'en seront guère empêchés? Mais ce ne serait là qu'un postulat pessimiste, qui n'arrêtera jamais l'éducateur. La raison d'intérêt peut d'ailleurs très valablement appuyer la déduction morale. L'homme, qui serait enclin à violer le droit d'autrui, peut craindre des retours de fortune, où ce serait son droit à lui qui serait méconnu : et, dès lors, il importe qu'il ne donne point l'exemple dangereux de l'injustice. L'histoire lui apporte aussi l'expérience des cités où les lois ne respectaient pas les droits des hommes : elle lui montre leurs luttes, leurs déchirements, leurs révolutions, jusqu'à ce qu'elles meurent ou décrètent la justice.

La vie sociale par la solidarité.

Mais ce n'est pas seulement ce respect défensif des droits individuels que la raison et l'expérience s'accordent pour imposer; c'est la collaboration, pour le bien de tous des forces individuelles. De la solidarité nécessaire, résultant de la vie en commun, on passe à la solidarité volontaire, active et féconde. De la vie individuelle sauvegardée dans la Cité, on s'élève à la vie sociale. Car le fait décisif que l'homme constate, ce sont les bienfaits de la solidarité. La Cité s'organise, en effet, suivant un système de délégations et d'échanges. Chaque homme n'est plus tenu de subvenir lui-même à tous ses besoins. Mais le travail se divise entre des ouvriers innombrables, qui collaborent, suivant leurs capacités et leurs compétences particulières, à un grand Œuvre, dont tous profitent, et ont le droit de profiter : car l'élaboration de la tâche individuelle, nécessaire à la construction de l'ensemble, habilite chacun à jouir de l'œuvre tout entier.

Mais aussi faut-il que l'individu se mette et se garde en état de fournir à la Cité sa part de labeur. Si, par sa faute, ses forces intellectuelles ou physiques s'affaiblissent, s'il ne les cultive point, l'ampleur et la qualité de son action s'en ressentent; il frustre les autres, ou il les vole. L'homme doit aux autres, en échange des leurs, ses forces entières. Et l'idéal personnel d'intégrité et de beauté, c'est la morale sociale maintenant qui l'impose.

L'homme et le citoyen gagnent donc, en travaillant, leur droit aux bienfaits de la solidarité. Il reste pourtant qu'ils ont une dette. Si puissants que l'union fasse les hommes d'une génération, leurs efforts ne suffisent pas à bâtir une Cité.

Elle est, pour la plus grande part, l'œuvre des ancêtres. Nous leur devons les mots de notre langue, les caractères de notre écriture, nos sciences, nos lettres, nos arts, nos lois. Nous habiterions encore des cavernes, si l'homme des cavernes, dans la nuit des âges préhistoriques, n'avait commencé à travailler et à trouver pour nous. Quand donc nous avons rendu à nos collaborateurs immédiats travail pour travail et fraternité pour fraternité, nous avons pourtant des créanciers — que nous ne pouvons satisfaire, — ce sont les morts. Mais le monde ne finit pas avec nous. La dette du passé, c'est à l'avenir que nous en devons compte ; et nous nous libérerons en la lui payant en progrès :

Nous serions — dit Anatole France — moins généreux que les hommes des cavernes, si, notre tour étant venu, nous ne travaillions pas à rendre à nos enfants la vie plus sûre et meilleure qu'elle n'est pour nous-mêmes. Il est deux secrets pour cela, aimer et connaître. Avec la science et l'amour, on fait le monde [1].

Telle est, avec ses grandes lignes accusées, faits et devoirs liés, la morale que l'école publique enseigne, sans rigidité ni formalisme, et qu'elle fait sentir à ses élèves avant de la faire comprendre. On sait en effet — je ne m'attarde pas sur ce point — que c'est par l'entretien familier, la lecture et le commentaire des grands exemples, l'exercice pratique, plus encore que par les démonstra-

1. *Le Livre de mon Ami*, p. 109-110.

tions suivies (réservées aux plus âgés) que procède l'instituteur primaire dans son enseignement moral.

Et je le demande aux hommes de bon sens et de bonne foi : y a-t-il rien, dans cette morale, qui puisse choquer une seule conscience? Personne ne peut se blesser qu'au nom de la raison et de la conscience, on enseigne à tous les enfants, d'où qu'ils viennent, des règles foncières de vie individuelle et sociale, dans la pratique desquelles, ils se sentent, malgré toutes les autres divergences, des hommes et des citoyens. Cette morale, qui impose la culture individuelle pour le bien commun, qui prêche l'action, dans la tolérance, qui ordonne l'étude incessante, car les termes des problèmes moraux se précisent ou changent suivant l'évolution humaine, qui ancre dans les âmes cette idée-force de la solidarité, épanouie, prolongée, dans la famille, dans la cité et la patrie, élargie dans l'humanité, cette morale d'union sociale convient seule à l'école publique, où seule encore une fois, dans l'état actuel, elle peut prétendre aux suffrages de tous.

Les droits des consciences.

J'entends bien qu'à cette morale manquent les sanctions des religions et des métaphysiques spiritualistes. Mais l'école publique n'interdit à personne d'ajouter, en dehors d'elle, aux leçons de la morale commune à tous, les impératifs et les sanctions de sa religion particulière. Il suffit que la morale qu'elle enseigne ne contredise point, par avance, la croyance et le dogme dont le père de famille voudrait l'assurer ou la couronner. Ce serait là une grave violation de la neutralité scolaire ; mais une faute tout individuelle ne prouverait rien contre la validité sereine de la morale laïque : organisée volontairement sur le seul plan expérimental des faits et des conséquences que la raison et la conscience en tirent, elle ne peut se heurter aux croyances dogmatiques.

Dirai-je que les croyants, d'ailleurs assurés qu'on n'attente pas à leurs convictions intimes, n'ont rien à perdre à cette séparation de la morale et du dogme?

Car, sans doute — disait déjà Condorcet — ce n'est pas la vérité des principes de la morale qu'ils font dépendre de leurs dogmes : ils pensent seulement que les hommes y trouveront des motifs plus puissants d'être justes ; et ces motifs n'acquerront-ils pas une force plus grande sur tout esprit capable de réfléchir, s'ils ne sont employés qu'à fortifier ce que la raison et le sentiment intérieur ont déjà commandé?

Et aux croyants, d'esprit assez fraternel et de sens social assez éclairé pour se préoccuper de la moralité des indifférents et des incrédules, je soumettrai encore cette réflexion : ne peut-on légitimement penser que la liaison, présentée comme nécessaire, du dogme et de la morale, soit une des raisons profondes de la crise de démoralisation qui sévit sur une partie de la société contemporaine? Le jour où, quelles que soient les raisons, les plus nobles comme les plus basses, effervescence des passions, contagion de l'incrédulité, déductions de l'étude imposées à la conscience, les croyances traditionnelles, religieuses ou métaphysiques, s'écroulent dans l'âme d'un homme, si cet homme n'a pas ancré sa morale aux profondeurs de sa raison et de son cœur, n'est-il pas en danger de voir s'abîmer, avec ses croyances, la morale qu'elles portaient seules?

Combien n'est-il pas important — disait encore Condorcet — de fonder la morale sur les seuls principes de la raison? Quelque changement que subissent les opinions d'un homme dans le cours de sa vie, les principes établis sur cette base resteront toujours également vrais, ils seront toujours invariables comme elle.

L'école n'ébranle donc pas le sanctuaire des croyances traditionnelles; laissons-lui bâtir, pour tous, le temple serein de la raison.

L'impératif de la raison.

Mais la raison est-elle donc une puissance morale, et des déductions de logique peuvent-elles se transformer en impératifs d'action? Sur le seul signe de la raison, en dehors de toute autorité extérieure et supérieure à l'homme, la conscience peut-elle imposer l'acte moral? Il est bien vrai que son autorité est plus d'une fois méconnue par l'intérêt ou la passion. Eh quoi! les morales religieuses ont-elles le privilège d'empêcher les défaillances, et le péché n'est-il pas pour le philosophe déiste, pour le chrétien, une des preuves douloureuses de la liberté humaine? Mais ces réserves faites, oui, le maître laïque a foi dans l'impératif de la raison, nous dirions presque : dans le déterminisme de la raison. L'obéissance à ses conclusions s'impose en effet à l'homme comme la condition de sa dignité et de l'unité de son être. La faute est non seulement une déchéance morale, mais une déchéance humaine : elle vous fait quitter la région claire de l'intelligence, pour vous rabattre aux régions obscures de l'instinct. La faute donne la sensation d'un désaccord vital; et il y a, dans le remords, la souffrance de ce désaccord et i'aspiration vers l'équilibre à reconquérir, par la réalisation de la justice, indiquée par la raison. Aussi, chez l'homme digne de ce nom, le jugement déclenche-t-il l'acte; et il ne songe, par la réflexion et l'étude, inséparables de la vie morale, qu'à entourer son jugement, qu'il sait l'engager, des meilleures garanties.

Dira-t-on que cette morale rationnelle ne peut s'imposer qu'à une élite? Nous avons plus de confiance dans la nature humaine; et ce serait méconnaître la force de l'éducation et de l'exemple. Avez-vous remarqué combien de gens, surtout à la campagne, vivaient et vivent encore sur la foi de quelques proverbes ou maximes, reçus des ancêtres, tenacement répétés, et ainsi devenus de véritables règles de vie, que l'on n'aurait pas la tentation de mettre en doute? Croit-on que l'école puisse faire moins? Tous les jours, à propos de tous les exercices, de tous les incidents, c'est l'appel à la raison qui sonne dans nos classes populaires : « Réfléchis avant d'agir. — Sache toujours ce que tu fais. — Suis toujours la vérité. — Fais ce que dois. — Aie ta conscience pour toi et tu seras fort », et tout cela résumé dans l'impératif de de dignité : « Sois un homme ». Au sortir de cette école de suggestion virile, la masse de nos élèves doit être aiguillée dans la voie de l'honneur et du devoir; ou bien, biffons de notre langue le mot d'éducation.

Le sentiment dans l'enseignement moral.

L'école est loin d'ailleurs de méconnaître et de dédaigner le rôle du sentiment dans la vie morale. Son enseignement, qui est surtout (je l'ai brièvement indiqué) un enseignement d'exemple et de pratique, n'a rien de froid, puisqu'il sort de la vie. Le maître intéresse toutes les puissances, intellectuelles et sensibles, à l'intuition et à l'admiration des actions justes et grandes. La logique du jugement se fortifie de la logique du sentiment; et, chez l'enfant, le cœur et la raison naturellement se mêlent, quand il va, de tout l'élan naïf de ses forces neuves, vers la vérité, la justice et la beauté. Et l'acte bon satisfait le cœur avec l'intelligence : l'obéissance à la raison est toujours liée par le maître à la joie de la conscience; cette joie est mise au-dessus de tout, car rien ne peut la ravir à l'honnête homme, assuré contre les coups du sort.

L'école ne donne-t-elle pas ainsi à l'enfant le plus noble des viatiques?

Et cette joie de la conscience se multiplie encore, du fait de la solidarité. Nul acte n'est indifférent, disions-nous tout à l'heure, et l'on doit, en agissant, se préoccuper des résonances. Mais ce scrupule de l'honnête homme porte sa récompense en lui. L'acte bon, juste, beau, élargit à l'infini ses ondes. Notre élève sait qu'aucun effort ne meurt, et qu'il se propage, qu'on le voie ou non, dans la vie de ceux qui nous entourent et de ceux qui viendront après nous. Mais si l'acte a des résonances illimitées, tout effort a donc une valeur immortelle. Nous pouvons songer, aux nobles heures de rêverie altruiste, à la répercussion dans l'avenir de notre acte passager. Quel croyant pourrait s'offenser de cette vie future, déjà présente au cœur profond des hommes?

Le sacrifice entier, le dévouement, l'héroïsme, l'école publique se croit capable aussi, non pas de les enseigner — enseigne-t-on ces choses? — mais de les faire admirer, et par l'admiration, d'en jeter dans les âmes la mystérieuse semence. La raison, la science n'ont rien qui s'oppose au sublime : le maître sait le domaine inorganisé, mais aussi peut-être prescient, de la subconscience; il voit comment, d'un élan si beau, l'âme intègre de l'enfant s'enchante de l'héroïsme : et il affirme la légitimité, devant la raison même, de ces élans jaillis du fond troublant de l'âme humaine, où vient affleurer peut-être le divin. Le maître lit à ses élèves émus les grandes fables héroïques, les pages d'histoire, de toutes les histoires, palpitantes de la fièvre des héros et des génies; il leur montre se déroulant toujours, dans le temps présent, la lignée héroïque; il les entraîne dans le sillage des aviateurs, à la conquête du ciel; et parfois, simplement, il se dévoue pour eux, comme cet instituteur vosgien, le brave Eugène Guillaumé, qui, le 17 octobre 1905, repousse de la cour de l'école un chien enragé, le poursuit, rentre en classe après avoir hâtivement lavé sa main ensanglantée, et puis traîne de longs mois une maladie maligne, au terme de laquelle, à trente-huit ans, il paie son dévouement de la mort des héros obscurs.

Conclusion. Vers l'Idéal.

Ouvrons donc avec confiance les portes de l'école publique, où doivent s'élaborer, loin des divisions des croyances et des partis, la paix et l'union sociales. La morale de l'école publique, qui s'adresse à tous, et à qui chacun peut ajouter, au gré de sa conscience personnelle, est valide pour tous les enfants de la cité moderne. Elle ne s'appuie que sur des faits expérimentaux, moraux et sociaux, démontrables; les systèmes particuliers lui échappent, bien qu'elle les conditionne, en partie, par les matériaux qu'elle fournit à leurs fondations, et la règle de sincérité et de justice que, d'avance, elle leur impose. Elle sollicite, sans lui assigner d'autre fin que le bien, le vrai et le beau, l'élan des forces désintéressées de l'âme. Assuré de faits solides, nourri des leçons que la raison en tire, docile aux arrêts de sa conscience, l'élève de l'école publique peut entrer dans la vie. Il s'en va, prêt à la tolérance et à l'action fraternelles, illuminé aussi d'un rêve intérieur, qui varie avec les âmes et les intelligences, mais qui, quel qu'il soit, donne son prix à la vie, vers ce qu'on appelle l'Idéal, un nom moderne de Dieu....

APPENDICE

ÉCOLES ET CLOCHERS[1]

Lettre ouverte à M. Blanguernon, inspecteur d'Académie de la Haute-Marne.

Monsieur l'Inspecteur d'Académie,

ous ce titre, « Écoles et Clochers », vous me faites l'honneur de m'écrire, dans le journal de M. Buisson, dans le *Manuel général de l'Instruction primaire*, une lettre ouverte qui m'a vivement intéressé. « Vous n'avez pas toujours été tendre pour les instituteurs, me dites-vous en substance, et dans la campagne que vous menez pour la conservation des églises, vous ne comptiez sans doute pas sur leur concours. Eh bien ! tout de même, il faut que vous ajoutiez leur nom à ceux des savants, des artistes et des prêtres qui déjà vous soutiennent, et je suis aise de vous dire que les maîtres de la

1. *Écho de Paris*, 30 décembre 1912.

Haute-Marne, tout au moins ceux que j'ai formés, ont appris à connaître et à aimer, comme des témoins vénérables de l'histoire locale, ces édifices religieux que vous voulez sauver de la ruine. Nous sommes disposés à vous donner un coup de main. »

Merci, monsieur l'inspecteur. Voilà d'excellentes nouvelles que vous m'envoyez de Chaumont ; et, à mon tour, je puis vous en donner d'aussi satisfaisantes de Lorraine. Il s'est constitué à Nancy une *Société des études locales dans l'enseignement public.* Elle aidera les maîtres à introduire dans leurs leçons l'histoire de la région, et s'ils veulent consacrer une partie de leurs loisirs à des recherches locales, elle en facilitera la publication. Le *Pays lorrain*, de mon ami Sadoul, s'est mis tout de suite au service des instituteurs et, après leur avoir donné, par la plume de M. Parizot (qui occupe à la Faculté la chaire d'histoire de l'Est, illustrée par M. Pfister) une vue d'ensemble sur l'histoire de Lorraine, il va les guider d'une manière plus pratique encore en publiant une notice de M. l'abbé Marin : *Comment faire la monographie d'un village lorrain.*

Tout cela est excellent. Tout cela fortifie en nous l'espérance, tout cela s'accorde avec l'approbation que donnent à la campagne en faveur des églises MM. A. Gervais, dans *l'Instituteur français*, et Louis Ripault, dans le *Foyer à l'école*. On veut voir avec vous « l'instituteur vivifiant l'histoire de la France par celle de la région et du petit « pays » avec ses métiers, avec ses arts, avec tout ce qui a

caractérisé sur un coin de terre la vie des ancêtres ».
On se félicite d'apprendre que « nos maîtres mènent
leurs élèves devant les vieilles maisons, le vieux
château, les restes de remparts, la vieille église, et
qu'ils font devant ces témoins séculaires le commentaire du passé ». Puissions-nous avoir sur
toute la France un tel type d'instituteur. Il inspi-
rerait aux nouvelles générations le respect des
vieilles pierres, et, dès maintenant, à la mairie, où
il est le plus souvent secrétaire, il inclinerait tout
naturellement le conseil municipal à la conservation de l'architecture religieuse. Double rôle,
double utilité, dont vous faites justement ressortir
l'importance.

Mais le point capital, ce qui me frappe et
m'enchante dans votre intervention, l'essentiel
dont je vous remercie, c'est que vous placez la
question des églises sur son véritable terrain. Ah !
monsieur l'inspecteur, que je vous suis recon-
naissant de ne pas glisser au verbiage de l'art, de
la beauté, des charmes du passé, toutes demi-
vérités qui livrent au caprice l'immense foule des
églises, et qui, finalement, serviront à les condamner plutôt qu'à les sauver. Vous allez droit au
cœur de la question en homme pour qui les préoccupations morales existent. Vous êtes un pédagogue, et tout naturellement vous considérez dans
la vieille église, dressée au centre du village, sa
valeur éducative. La vieille église vous intéresse
pour ce qu'elle apporte à la formation de l'âme.

La formation de l'âme. C'est la grande affaire,

une affaire qui importe à chaque individu et à la civilisation. Vous en êtes constamment préoccupé. J'ai lu vos articles, monsieur Blanguernon; il en est un, entre autres, qui est bien touchant. Vous nous racontez la rentrée de l'école, le premier contact du maître et des enfants: Ces gamins, ces fillettes, visages offerts ou front murés, ingénuités, ahurissement honnête, malices à l'affût, tout cela est l'avenir qui se présente, des cerveaux à ouvrir, des cœurs à échauffer. Et vous pensez tout haut : « Saurai-je mettre un dieu dans ces tabernacles de l'avenir? » Bien des soins vous sollicitent : inscrire les noms des élèves, leur distribuer les livres, les cahiers, autant de menus détails que vous ajournez. Il faut que cette première heure soit libre, claire, qu'elle vous ouvre le chemin des cœurs. Vous le dites d'un mot, un seul, mais qui va très loin : *c'est le moment de l'appel des âmes.*

Là, monsieur l'inspecteur, on entend palpiter votre émotion, une émotion de la meilleure qualité professionnelle et humaine. Vous êtes ému d'amitié paternelle en présence de ces petits êtres; vous voudriez qu'ils fussent augmentés par l'école, par vos soins, et vous vous préoccupez scrupuleusement d'éveiller, d'élargir, d'ennoblir en eux la faculté de sentir, tout autant, plus encore que de leur donner des notions.

L'éducation de la sensibilité, la formation de l'âme, c'est le tout. Et vous dites justement qu'il faut la chercher ailleurs que dans les livres. Les sentiments que nous dictent les livres valent peu quand nous sommes petits, auprès de ceux qui nous arrivent ayant passé par l'âme de nos parents, et déjà éprouvés dans les assauts de la vie. Quand nous sommes petits, les objets eux-mêmes nous parlent. Au milieu du village, l'église est parlante. Que dit-elle aux enfants? Je l'ignore. De son discours immense, chacun reçoit selon son âge et son cœur, et plus que d'aucune autre maison. Nous voilà, monsieur l'inspecteur, par un temps de décembre, les deux pieds dans la boue, en face de la plus pauvre église rurale. Quelle pensée solide et complète elle dresse devant nous, cette vieille bâtisse construite pour être battue des vents et exprimer dans ses jeux d'ombre et de lumière les aspirations les plus délicates, toutes les pulsations de l'âme. Elle est chargée des pensées de tous, de tous dans leur plus haut moment. Bien mieux que des notions, nous en recevons du ton, plus d'énergie, de force, d'éclat, une âme plus tendue, mieux capable de pensées graves. Il semble qu'à cette minute nous prenions connaissance des trésors enfouis dans notre mémoire et que nous nous portions jusqu'aux racines de notre vie spirituelle. Et je ne vous parle pas de religion. Mais le riche passé nous enveloppe et nous met dans les meilleures dispositions morales. Ce que nous ressentons, ce n'est pas une vague ivresse sans cause, c'est la joie de vivre avec une collectivité et d'associer à l'humilité d'une vie humaine la vaste expérience des siècles. Des générations d'ancêtres, dont la poussière forme ce tertre où l'église appuie ses fondations, arrivent encore par elle à la vie, et ce qu'elle proclame est proclamé par des monuments pareils dans tous les villages de France à travers les siècles. Quel élan pour l'esprit et quelle sécurité! Nous descendons un grand fleuve où l'eau profonde reflète notre barque si mince et toutes les étoiles.

Je m'arrête, monsieur l'inspecteur. Je ne vous propose pas que nous entrions dans l'église du village. Vous m'avez dit, dans votre lettre publique, qu'il vous est pénible d'y voir affichée, sous le porche, la liste des manuels condamnés. Évitons, aujourd'hui, ce qui pourrait vous contrarier. Ne passons pas le seuil. Aussi bien, même du dehors, l'église est parlante. Elle a ses parures, elle a ses discours, pour le passant et pour les gens de la place publique, — paroles citoyennes autant que religieuses, sans lesquelles l'histoire du village français devient incompréhensible. Nous y avons tous collaboré, à cette haute maison collective, et, frères ennemis, nous y pouvons venir respirer une atmosphère de paix supérieure. Je vous remercie de l'avoir dit. Après vous avoir entendu, comment nier la valeur éducative de notre architecture religieuse? L'église n'est pas un bibelot. Elle est une âme qui contribue à faire des âmes.

De toutes parts, on me fait des concessions, on m'accorde que j'ai à moitié raison; on veut bien laisser debout les belles églises. Arrière ce raisonnement! C'est le point de vue de l'amateur, de l'heureux automobiliste qui dit : « On ne peut s'arrêter partout! Si, dans ma journée, en roulant les routes, je rencontre une dizaine de jolis spécimens bien choisis et bien entretenus, c'est plus qu'il ne m'en faut. » Une telle conception contredit absolument votre pensée et la mienne. Nous voulons maintenir l'église du village en nous plaçant du point de vue de l'habitant. Pour lui, pour nous, il n'en est pas de laides. Fût-elle dédaignée, la moindre église rurale enrichit la vie locale et constitue, pour ceux-là mêmes qui la regardent du dehors, une valeur spirituelle.

Maurice BARRÈS,
de l'Académie française.

TABLE DES MATIÈRES

804-17. — Coulommiers. Imp. PAUL BRODARD. — 1-16.

Librairie HACHETTE et Cie, 79, Boulevard Saint-Germain, PARIS

BIBLIOTHÈQUE VARIÉE, FORMAT IN-16

A 3 FR. 50 LE VOLUME

QUESTIONS PÉDAGOGIQUES

BLOCH (M.) : *Trois éducateurs alsaciens* (Joseph Wilm, Jean Macé, Aug. Nefftzer)............. 1 vol.

BOURGAIN (M.-P.) : *Gréard, un moraliste éducateur*........ 1 vol.

BRÉAL (M.), de l'Institut : *Quelques mots sur l'instruction publique en France*.............. 1 vol.

CHANTAVOINE (H.) : *L'éducation joyeuse. En vacances. En famille.* 1 vol.

COMPAYRÉ (G.), de l'Institut : *Histoire critique des doctrines de l'éducation en France depuis le XVIe siècle*.............. 2 vol.
Ouvrage couronné par l'Académie française et par l'Académie des sciences morales et politiques.

Études sur l'enseignement et sur l'éducation............... 1 vol.
Jules Gaufrès, sa vie et son œuvre. 1 vol.

COUBERTIN (P. de) : *Notes sur l'éducation publique*...... 1 vol.
L'éducation anglaise en France 1 vol.
Universités transatlantiques. 1 vol.

COUYBA (Ch.-M.) : *Les Beaux-Arts et la Nation*............. 1 vol.

DURUY (A.) : *L'instruction publique et la démocratie (1879-1880)*.............. 1 vol.

FOUILLÉE (A.), de l'Institut : *L'enseignement au point de vue national*.............. 1 vol.

GAULTIER (P.) : *La vraie éducation*.............. 1 vol.

GRÉARD : *Éducation et instruction.* 4 vol. qui se vendent séparément :

Enseignement primaire...... 1 v.
Enseignement secondaire.... 2 v.
Enseignement supérieur... 1 vol.

GRÉARD (suite) : *L'éducation des femmes par les femmes. Études et portraits*.............. 1 vol.

HAYEM (J.) : *Quelques réformes dans les écoles primaires.* 1 vol.

KERGOMARD (Mme) : *L'éducation maternelle dans l'école...* 2 vol.

LANGLOIS (Ch.-V.) : *Questions d'histoire et d'enseignement.* 2 vol.
Couronnés par l'Académie française.

LECLÈRE (A.), professeur agrégé à l'Université de Berne. *L'éducation morale rationnelle.* 1 vol.
Ouvrage couronné par l'Institut.

MICHEL (H.) : *Notes sur l'enseignement secondaire......* 1 vol.

SIGWALT (Ch.) : *De l'Enseignement des langues vivantes :* Idées d'un vieux professeur dédiées aux jeunes.................. 1 vol.

SOLANGES-PELLAT : *L'éducation aidée par la graphologie,* ouvrage contenant 107 exemples d'écriture.

SPULLER (E.) : *Au Ministère de l'Instruction publique.* Discours, allocutions, circulaires. 1re série (1887)..... ...... 1 vol.

Au Ministère de l'Instruction publique. 2e série (1893-1894)... 1 vol.

TOULOUSE (D^r) : *Comment former un esprit* .... 1 vol.

WAGNER (C.) : *Pour les grands et pour les petits*............. 1 vol.

A travers les choses et les hommes. 1 vol.

Par le sourire .. .. 1 vol.

801-17. — Coulommiers. Imp. Paul BRODARD. — 1-18.

www.ingramcontent.com/pod-product-compliance
Ingram Content Group UK Ltd.
Pitfield, Milton Keynes, MK11 3LW, UK
UKHW022103120726
13694UKWH00001B/314